Comunidade

Dados Internacionais de Catalogação na Publicação (CIP)
(Câmara Brasileira do Livro, SP, Brasil)

Nouwen, Henri
  Comunidade / Henri Nouwen ; editado por Stephen Lazarus ; tradução de Luis Gonzaga Fragoso. – Petrópolis, RJ : Vozes, 2023.

  Título original: Community
  ISBN 978-65-5713-896-0
  1. Comunidade – Aspectos religiosos – Igreja Católica I. Lazarus, Stephen. II. Título.

22-137352   CDD-261.1

Índices para catálogo sistemático:
1. Igreja Católica : Comunidade : Cristianismo   261.1
Inajara Pires de Souza – *Bibliotecária* – *CRB PR-001652/O*

HENRI NOUWEN

Comunidade

Editado por Stephen Lazarus

Tradução de Luis Gonzaga Fragoso

Petrópolis

© 2021 by Henri Nouwen Legacy Trust.
Orbis Books, Box 302, Maryknoll, NY 10545-0302 – USA

Tradução realizada a partir do original em inglês intitulado
Community.

Direitos de publicação em língua portuguesa – Brasil:
2023, Editora Vozes Ltda.
Rua Frei Luís, 100
25689-900 Petrópolis, RJ
www.vozes.com.br
Brasil

Todos os direitos reservados. Nenhuma parte desta obra poderá
ser reproduzida ou transmitida por qualquer forma e/ou
quaisquer meios (eletrônico ou mecânico, incluindo fotocópia e
gravação) ou arquivada em qualquer sistema ou banco de dados
sem permissão escrita da editora.

CONSELHO EDITORIAL

Diretor
Volney J. Berkenbrock

Editores
Aline dos Santos Carneiro
Edrian Josué Pasini
Marilac Loraine Oleniki
Welder Lancieri Marchini

Conselheiros
Elói Dionísio Piva
Francisco Morás
Gilberto Gonçalves Garcia
Ludovico Garmus
Teobaldo Heidemann

Secretário executivo
Leonardo A.R.T. dos Santos

Diagramação: Sheilandre Desenv. Gráfico
Revisão gráfica: Fernando Sergio Olivetti da Rocha
Capa: Ygor Moretti

ISBN 978-65-5713-896-0 (Brasil)
ISBN 978-1-62698-439-4 (Estados Unidos)

Este livro foi composto e impresso pela Editora Vozes Ltda.

Sumário

Prefácio, 7

Introdução, 17

1 Da solitude à comunidade; da comunidade ao ministério, 27

2 A formação espiritual e a comunidade, 51

3 Encontrando a solitude na comunidade, 67

4 Os diferentes aspectos da comunidade, 93

5 Um chamado que vem da escuridão, 105

6 O mundo fragmentado, o *self* fragmentado e a comunidade, 123

7 Manter-se firme, 139

8 Da comunhão à comunidade – A viagem contemplativa, 165

9 A espiritualidade de uma comunidade, 193

10 De um coração de pedra para um coração vivo – A conversão na comunidade, 211

Fontes, 253

Agradecimentos, 257

Prefácio

As sementes deste livro remontam há mais de quarenta anos, quando tive meus primeiros encontros com Henri Nouwen. Naquela época, eu era o editor-chefe do *The Catholic Worker*, jornal fundado por Dorothy Day. Eu tinha 22 anos e pouquíssima experiência como editor; aliás, não tinha experiência com coisa alguma. Henri, por outro lado, era um renomado professor da Yale Divinity School e um autor cada vez mais famoso, embora eu não tivesse lido nenhum de seus livros até então. No entanto, eu lhe perguntei se ele gostaria de colaborar com o *Worker*, a que Henri respondeu gentilmente, enviando-me três artigos sobre o tema da comunidade. Não sei bem que tipo de expectativa eu tinha, mas aqueles textos não me impressionaram. Para ser sincero, eles me pareceram abstratos e impessoais – nada alinhados com os textos publicados no *Worker*, geralmente baseados em fatos concretos da vida cotidiana.

Passado algum tempo, Henri me perguntou o que eu tinha achado de seus artigos. Mesmo dando um desconto ao fato de eu ser bem jovem, eu lhe dei uma resposta particularmente sem-graça, e perguntei, hesitante: "Oh, obrigado pelo envio. Você tem algum outro texto?" Pela expressão em seu rosto, pude perceber de imediato que eu havia dado uma bola fora. "Eu lhe enviei *três* artigos!", disse ele, chateado – e com razão.

Logo fiz questão de lhe assegurar qual havia sido a intenção de meu comentário: eu realmente pretendia publicar *um* de seus artigos – o que acabei fazendo. Mas, desde então, ele não nos enviou mais nenhum texto, e eu tampouco lhe perguntei novamente a esse respeito. (Dez anos mais tarde, quando eu lhe disse que me haviam oferecido a vaga de gerente editorial da Orbis Books, ele comentou que, caso alguém lhe perguntasse, ele diria que, no plano intelectual, eu era perfeito para aquele cargo, mas que, em seu entender, eu tinha os "talentos humanos" para exercer aquela função. Bingo!)

Embora eu tenha lembrado desse episódio tempos mais tarde, foi só recentemente, quando me convidaram para dar uma palestra sobre a "Espiritualidade contracultural de Henri Nouwen", que senti a necessidade de reavaliar seu artigo original (que consiste no capítulo 4 deste livro: "Os diferentes aspectos da comunidade"). Ao reler este texto, pude compreender por que ele não me agradou. De fato, era abstrato demais. Não me pareceu ter sido escrito por alguém com uma verdadeira experiência com a vida comunitária. Porém, nesta minha releitura, fui surpreendido por algumas qualidades excepcionais do texto, que tinham passado batido pela mente do jovem de 22 anos que eu era.

Sob diversos aspectos, o texto de Henri abordava temas que apareceriam em suas obras posteriores. Nele, ele descrevia o modo como nossa cultura nos estimula a prestar atenção naquilo que nos diferencia de outras pessoas, à tentativa de impressionar os outros e a expressarmos nossa sensação de que somos especiais. Ele escreveu: "Jesus Cristo nos revela que não encontraremos nossa verdadeira identidade às margens de nossa existência, onde podemos nos vangloriar de nossas especialidades, mas no centro, onde somos capazes de reconhecer nossa identidade humana básica, e a nos identificarmos como irmãos e irmãs, filhos do mesmo Deus".

Naquela época, eu não era capaz de compreender o sentido dessas palavras de Henri; elas não me pareceram conectadas aos problemas práticos da vida comunitária do modo como eu a estava vivendo – por exemplo, o fato de aparentemente meu trabalho no jornal estar sendo menos reconhecido do que eu julgava merecer! "Viver uma vida cristã", escreveu Henri, "requer de nós uma conversão radical. Exige que busquemos nossa identidade não nos aspectos em que somos diferentes, ou nos quais nos destacamos, mas naquilo que somos iguais". Ele falava sobre a necessidade de "reconhecer a fragmentação humana que temos em comum e a nossa necessidade de cura". Embora naquela época eu tivesse bastante consciência das fragilidades de todas as pessoas a meu redor, eu não tinha a menor percepção de minha própria fragmentação humana, ou de minha necessidade de cura. A partir do momento em que passei a ter esta percepção, desisti do trabalho de editor no *The Catholic Worker*. E, em minha trajetória a partir de então, Henri desempenharia um papel significativo.

Àquela altura, inspirado pela releitura daquele artigo, propus ao Nouwen Trust a publicação da série original de três artigos sobre a comunidade. O estranho é que no acervo do Nouwen Trust não encontramos a menor pista do paradeiro daqueles textos. Por outro lado, Stephen Lazarus deparou-se com um material muito melhor: uma coleção de reflexões de Henri sobre a comunidade, que incluíam desde seus primeiros textos escritos nos anos de 1970 até artigos e palestras posteriores, muitos deles fruto de sua experiência na L'Arche Daybreak Community, onde morou em seus dez últimos anos de vida. Nesses textos, podemos perceber não apenas a continuidade do compromisso de Henri com a vida comunitária, mas também a transição, de uma abordagem que poderia ser chamada de abstrata e impessoal, para algo mais concreto e verdadeiro. Tal transição esteve presente em todos os textos dele desde sua chegada em Daybreak. Pouco importava se o tema do artigo era a comunidade, o processo de estabelecimento da paz, o discipulado ou a solidariedade com os pobres: ele sempre escrevia sobre o que havia visto e conhecido em primeira mão. Ele havia passado pela "conversão radical" que descrevera naquele primeiro artigo de muitos anos antes − e mostrou um constante desenvolvimento das ideias que abordara em seus primeiros escritos.

Como podia perceber qualquer leitor com um sério interesse pela obra de Henri Nouwen − e particularmente de seus diários −, o que angustiava Henri era uma profunda necessidade de autoafirmação e de afeto, e uma inquietante busca pelo caminho "de volta para casa". Ele transferiu-se da Universidade de Notre Dame para Yale, e desta para a Harvard Divinity School. Ao longo de sua trajetória, tentou viver num mosteiro trapista e trabalhar em missões na América Latina. Conforme escreveu em um de seus primeiros livros, ele tinha a constante "motivação de passar de um livro a outro, de um lugar a outro, de um projeto a outro". Tinha esperança de que esta temporada com os trapistas o tornasse "uma pessoa diferente, mais integrada, mais espiritual, mais virtuosa, mais compassiva, mais gentil e mais feliz". Mas tudo aquilo foi uma ilusão.

Muitos anos depois, em *The Road to Daybreak*, diário do período de um ano em que ele viveu na Comunidade L'Arche na França, seguia descrevendo as mesmas dificuldades que já tivera em razão da rejeição, de sua sensibilidade extrema e de sua tendência a manter-se sempre ocupado, preenchendo cada minuto de sua vida com algum projeto. Um padre, com quem ele compartilhou este sentimento de desassossego, lhe disse o óbvio: "A principal questão não tem a ver com o lugar onde você está, mas como você está vivendo no lugar em que está". Porém, até o fim de sua temporada na França, esta faceta de Henri não se alterou: "Ainda sou a mesma pessoa que eu era no início desta viagem espiritual: inquieto, ansioso, intenso, distraído e impulsivo". Mas esta era apenas uma das facetas de Henri – o desejo de transcender e se esquivar das exigências de sua própria natureza ferida e conflituosa. A outra faceta, que se escondia por trás do desassossego desta busca, era seu constante empenho em caminhar na direção de Jesus, além do *insight* de que Jesus não seria encontrado em meio ao sucesso, às glórias ou aos aplausos da multidão; tratava-se, antes, de um movimento descendente, na direção dos pobres, dos marginalizados e das pessoas comuns.

Na Comunidade L'Arche Daybreak ele acabou encontrando o lar que estava buscando. Foi nesse lugar, onde Henri foi aceito e amado simplesmente por ser a pessoa que era – e não por suas realizações e livros que publicou –, que ele encontrou o caminho que o conduziu à sua própria cura. Isso não aconteceu porque conseguiu reverter sua própria fragmentação, mas por ele finalmente ter encontrado um lugar onde esta fragmentação poderia se transformar no caminho rumo à ressurreição.

Durante muitos anos, Henri tentou encontrar, em meio às amizades e à comunidade, uma solução para os profundos anseios e a vulnerabilidade que havia em seu coração. Porém, como ele veio descobrir posteriormente, não é para isso que a comunidade existe. Em Daybreak, ele finalmente foi capaz de aceitar a verdade de que não precisamos estar curados ou sermos pessoas integradas antes de vivermos nossa vocação de filhas e filhos amados de Deus. É claro que Henri já sabia disso; já havia escrito livros a esse respeito. Porém, isso só ganhou concretude em sua vida a partir do momento em que ele começou, de fato, a viver em comunidade, junto de pessoas que não temiam compartilhar sua própria vulnerabilidade. Somente dentro daquele contexto é que poderia realmente conhecer e aceitar sua verdadeira condição de um ser que é amado.

No diário de seu último ano sabático, poucos meses antes de falecer, ele reconheceu sua ferida interior – sua "imensa necessidade de afeto e seu enorme medo da rejeição". Chegou a admitir que esta ferida jamais seria curada – ela tinha vindo para ficar. Porém, ele chegara a um *insight* poderoso: talvez esta ferida seja "uma porta de entrada para minha salvação, uma porta para a glória, um caminho rumo à liberdade. Tenho consciência de que esta minha ferida é um presente disfarçado. Estas experiências de abandono, breves mas intensas, me conduzem ao lugar onde estou aprendendo a abandonar o medo e a entregar meu espírito nas mãos daquele cuja aceitação não tem limites".

A última palestra cuja transcrição é publicada neste livro foi feita naquele último ano. Nela, Henri fala sobre a "necessidade constante de conversão em nossa vida. A conversão de um coração de pedra para um coração vivo". Nesse texto, ele aborda os mesmos temas sobre os quais escrevera no ensaio de vinte anos antes: o modo pelo qual nos medimos em termos de nossa produtividade e construímos nossa identidade em torno de coisas que nos diferenciam dos outros. "É uma viagem espiritual de enorme importância quando descobrimos que nossa cura se inicia no ponto onde a alegria está enraizada – não naquilo que nos distingue das pessoas, mas em nossas semelhanças".

A conversão que ele descreve é aquela que converte a autorrejeição em autoaceitação; a competição em compaixão; a produtividade em fertilidade. "É isso o que cria a comunidade". Trata-se, aqui, de mais uma variação sobre os temas que ele compartilhara comigo tantos anos antes. Será que eu havia finalmente desenvolvido os "talentos humanos" para poder compreender o que Henri estava dizendo? Ou teria ele encontrado uma voz diferente – "mais compassiva, mais gentil, mais cheia de alegria"?

Nessa palestra de dezembro de 1995, é triste constatar a especulação que ele fazia: "Daqui a dez anos, talvez eu esteja morto". Na verdade, sua morte repentina ocorreu apenas nove meses mais tarde. Minhas lembranças são nítidas. Àquela época, eu estava trabalhando junto com Henri em seu último livro, *Adão: o filho amado de Deus*. Publicação póstuma, o livro é o resumo perfeito de seu "credo" pessoal. E, no entanto, outros livros seus, incluindo este aqui, publicados vinte e cinco anos após sua morte, continuam a ser publicados. Como Henri acabou compreendendo, nossas vidas não são medidas por nossa produtividade, mas por nossa fertilidade. Sementes que há mais de quarenta anos caíram em terreno rochoso estão agora dando frutos. Que este livro seja capaz de fazer com que futuras sementes germinem.

Robert Ellsberg

Introdução

Em seus textos e palestras, Henri Nouwen muitas vezes abordou o tema da comunidade ao longo de sua vida e seu exercício do ministério como pastor, padre e professor. Sua busca pela vida em comunidade representou a motivação para a escrita de seus livros e para muitas das mais significativas escolhas que ele fez em vida, incluindo sua decisão de abandonar seu cargo de professor na Universidade de Harvard, em 1986, para integrar a Comunidade L'Arche Daybreak em Richmond Hill, em Ontário. Foi como membro da Comunidade Daybreak que Henri viveu seus dez últimos anos, ao lado de pessoas com deficiências mentais e comportamentais, bem como aqueles que lhes prestavam assistência. Reunindo textos previamente publicados e material inédito, este livro descreve como Henri considerava a comunidade um aspecto necessário e integral da vida espiritual em todas as suas dimensões.

Para Henri, a comunidade é uma necessidade básica, um desejo que o coração humano precisa saciar. Fomos criados para a vida em comunidade, mas muitas vezes não é esta a experiência que temos nas culturas individualistas e competitivas que moldam nossa vida. A comunidade é um lugar caracterizado pela aceitação, pela intimidade e pela vulnerabilidade, onde podemos gerar frutos de modo solidário com os outros e encarnar o corpo de Cristo para o benefício do mundo. Trata-se de um lugar de cuidados e de celebração, onde nossas feridas e fraquezas são expostas, um lugar protegido onde podemos confessar nossos pecados e nossa fragmentação, um lar de amor onde podemos ser perdoados e, em retribuição, também perdoar.

Para Henri, a comunidade também envolvia uma busca difícil, que duraria a vida toda. Uma busca pelo pertencimento com os outros, e por pertencer a Deus, uma busca a que, em seus textos e palestras, ele dava o nome de comunhão. O espírito de comunidade inclui também os grandes dons que ele descobriu ter na condição de uma pessoa amada na Daybreak, uma comunidade intencional cristã, e na Abadia de Genesee, um monastério trapista onde teve estadias prolongadas, em busca de orientação espiritual. O espírito de comunidade também pode ser encontrado nas experiências comuns (e por vezes extraordinárias) de vida compartilhada com outras pessoas, em relações de amizade e familiares, em reuniões de culto, e em pequenos grupos que reúnem pessoas com um objetivo em comum. Para Henri, é na comunidade, em suas variadas formas, que podemos redescobrir e reivindicar a humanidade e vulnerabilidade que compartilhamos, para que, uma vez empoderados, possamos viver de modo mais compassivo. Estimulados pelos outros e pelo exemplo de Jesus, podemos juntos praticar aquilo que Henri chamou de "o caminho descendente de Cristo", que não tenta evitar o sofrimento humano, mas a este responde com amor e cuidado. Somos capazes de fazer isso, pois já descobrimos e reafirmamos nossa própria condição de seres amados em Deus, que se estende a todas as demais pessoas, sem exceções e de modo incondicional.

Dentre os seus 39 livros – traduzidos em várias línguas –, Henri publicou oito títulos entre 1969 e 1986, que incluem capítulos importantes sobre o tema da comunidade[1]. A maioria dos demais livros que ele escreveu também aborda dimensões deste tema, de modo implícito ou explícito, incorporando *insights* sobre a comunidade, tais como os que

---

1 Dentre eles, incluem-se: *Intimacy* (1969); *Out of solitude* (1974); *Reaching out* (1975); *Clowning in Rome* (1979); *Making all things new* (1981); *Compassion* (1982); *Peacework* (1982-1984); e *Behold the beauty of the Lord* (1987).

constam em seu famoso diário devocional *Bread for the Journey*, ou em seu livro *Can You Drink the Cup?*, ambos finalizados em 1996, seu último ano de vida. Em *Can You Drink the Cup?*, Henri escreve: "A comunidade é uma fraternidade de pessoas que não escondem suas alegrias ou tristezas, mas as deixam visíveis uns aos outros, num gesto de esperança [...]. Comunidade é como um grande mosaico [...] uma fraternidade de pessoas simples que, juntas, fazem com que Deus seja visível para o mundo"[2].

Além da publicação destes livros, Henri costumava abordar o tema da comunidade em palestras e retiros em toda a América do Norte e Europa. Também contribuiu com vários artigos breves sobre este tema em inúmeras publicações, dos anos de 1970 até seu falecimento, em 1996. Henri foi vítima de um súbito ataque cardíaco na Holanda, sua terra natal, enquanto se preparava para uma viagem a São Petersburgo, Rússia, onde seria realizado um filme sobre seu livro *O retorno do filho pródigo*. Este livro reúne alguns de seus artigos menos conhecidos e algumas palestras, cinco dos quais estão aqui sendo editados pela primeira vez. Com um olhar retrospectivo para seus escritos e palestras sobre a comunidade, ao longo de mais de

---

2 *Can you drink the cup?*

duas décadas, este livro marca o vigésimo-quinto aniversário de seu falecimento, e a importância atual de seus *insights* para um mundo que carece do tipo de comunidade descrito por ele.

Os capítulos estão aqui apresentados em ordem cronológica, dos anos de 1970 aos de 1990, com exceção do primeiro capítulo, uma palestra de Henri (de 1993) sobre os temas da solitude, da comunidade e do ministério. O capítulo 2 é um artigo sobre a formação espiritual e a comunidade nos estudos teológicos, publicado por Henri em 1977, durante os dez anos em que lecionou teologia pastoral na Yale Divinity School. Nesse texto, ele aborda o contexto comunitário da espiritualidade cristã e dos estudos teológicos, bem como o papel de práticas espirituais como a *lectio divina*, a oração, o silêncio e a orientação espiritual. O capítulo 3 examina a estreita ligação entre a comunidade e a solitude em comunidades à beira do *burnout*, descrevendo como o tempo que seus membros dedicam a si mesmos, individualmente, torna-os mais fortes do que quando eles estão juntos. A solitude, conforme ele explica, também é muito mais do que simplesmente um meio para se atingir um resultado positivo. "Sem a solitude", argumenta ele, "uma comunidade profética perde sua dimensão pastoral, e logo a sua própria luz é apagada".

O capítulo 4 descreve como a vida comunitária exige da maioria das pessoas, em nossos dias, uma mudança radical do coração e da mente. A comunidade requer de nós que possamos "viver com a mente de Cristo", escreve Henri, e ela "começa a se mostrar visível assim que nos percebemos como companheiros de viagem, pessoas trilhando a mesma estrada". No capítulo 5 (originalmente um sermão proferido por Henri por ocasião da Segunda Sessão Especial sobre o Desarmamento na Assembleia Geral da ONU, em 1982), Henri discute o papel da comunidade e da oração no processo de estabelecimento da paz. "A comunidade proporciona o espaço onde, por meio da oração e de um cuidadoso diagnóstico dos problemas de nossos dias, somos chamados a expressar nossa opinião de modo aberto e franco, e a agir juntos", ele declara.

No capítulo 6, Henri examina as relações entre o *self* fragmentado, o mundo fragmentado e a comunidade, numa mensagem endereçada à Catholic Youth Corps em 1987, menos de um ano após aceitar o convite para tornar-se membro da L'Arche Daybreak. O capítulo 7 reconta o episódio de sua visita a outra unidade da Comunidade L'Arche, localizada na América Central, nos anos de 1980. Aqui, ele apresenta o que comunidades como a que visitou em Suyapa, Honduras, podem ensinar aos cristãos da América do Norte sobre comunidade, injustiça sistêmica e fidelidade a Jesus e ao Reino de Deus. No capítulo 8, num texto que é transcrição parcialmente de uma palestra de 1991, até então inédita em livros, relembra como sua transição, de um competitivo ambiente acadêmico de Harvard para a Comunidade Daybreak, aprofundou sua própria compreensão sobre a comunidade e sua prática comunitária, mesmo que isso tenha envolvido consideráveis sofrimento e conflitos, e embora ele tenha encontrado o lar que vinha buscando havia anos. Podemos notar aqui a coerência de seus *insights* ao longo do tempo, bem como o seu amadurecimento em meio a uma experiência mais intensa de vida comunitária.

No capítulo 9, Henri apresenta uma espiritualidade comunitária que incorpora lições aprendidas em seu trabalho pastoral, bem como a troca de afeto entre os membros da L'Arche. Sem jamais tentar esconder os verdadeiros desafios e o estresse existentes na comunidade, Henri escreve, em tom bem-humorado: "A comunidade é o lugar onde mora a pessoa com quem você menos quer conviver". O capítulo final é a transcrição de uma palestra ministrada por Henri em um retiro espiritual aos membros de uma comunidade L'Arche em seu último ano de vida. Aqui, ele fala sobre a necessidade de conversão e de transformação na vida comunitária, oferecendo conselhos e práticas espirituais para manter o foco da vida comunitária centrado no inspirador e compassivo caminho de Jesus.

Para Henri, a comunidade sempre se manteve longe de um conceito abstrato, um projeto acadêmico ou uma simples alternativa. Os laços afetivos e de pertencimento, dos quais dependemos no cotidiano, são tão íntimos e necessários para a vida quanto a nossa respiração. Isso ganhou uma radical visibilidade quando percebemos que o planeta todo segue lidando com o impacto desintegrador e devastador da pandemia global da Covid-19. A publicação deste livro, que marca o vigésimo-quinto aniversário do falecimento de Henri, coincidiu com a eclosão de uma doença contagiosa e fatal, que causou o fechamento de igrejas e locais de trabalho, manteve crianças distantes de seus avós, impediu a regularidade de nossos encontros presenciais e alterou a experiência de comunidade que era tão natural para todos nós até fevereiro de 2020. Restará por muitos anos em nossa memória o isolamento físico imposto às pessoas, a solidão, os períodos de *lockdown* decretados em prol da saúde pública e a trágica perda de vidas. Diante da experiência da radical ausência de vida comunitária que muitos estão enfrentando hoje, as palavras e os *insights* de Henri sobre a comunidade, bem como nossa necessidade humana de manter o espírito comunitário, adquirem uma enorme urgência, o que só faz reforçar sua profunda e duradoura sabedoria.

Stephen Lazarus

Domingo anterior à Quarta-feira de Cinzas.

14 de fevereiro de 2021.

1

Da solitude à comunidade; da comunidade ao ministério

Neste texto, Henri descreve o modo pelo qual seguir Jesus envolve a prática espiritual de criar espaço para Deus por meio da solitude, da comunidade e do exercício do ministério. Ele proferiu esta palestra numa conferência em Toronto no outono de 1993, três anos antes de seu falecimento.

Sempre me fascinou o fato de *discipulado* e *disciplina* serem, na verdade, a mesma palavra. Assim que você opta por dizer "Sim, eu quero seguir Jesus", a pergunta que se coloca é "Que tipo de disciplinas poderão me ajudar para que eu me mantenha fiel a esta escolha?" Se quisermos ser discípulos de Jesus, precisamos ter uma vida disciplinada.

Disciplina não significa controle. Se eu conheço a disciplina denominada *Psicologia* ou *Economia*, tenho um certo controle sobre um conjunto de conhecimentos. Se eu disciplino meus filhos, minha intenção é ter algum controle sobre eles.

Porém, na vida espiritual, a palavra *disciplina* significa "a tentativa de criar um espaço no qual Deus possa atuar". Disciplina significa impedir que todas as coisas em sua vida sejam preenchidas. Disciplina significa que, em alguns lugares, você não está ocupado – e sobretudo não está *preocupado*. Na vida espiritual, disciplina significa criar um espaço no qual algo que você não havia planejado – ou com que não estava contando – possa acontecer.

A meu ver, três disciplinas são importantes para que nos mantenhamos fiéis, de modo que não apenas nos tornemos discípulos, mas que continuemos a ser discípulos. Estas três disciplinas estão contidas numa única passagem das Escrituras que já nos é familiar; porém, talvez nos surpreenda constatar que esta passagem aborda o tema da disciplina.

> Naquele tempo, Jesus subiu a montanha para orar, e passou a noite inteira em oração a Deus. Quando o dia amanheceu, Ele reuniu seus discípulos e dentre eles escolheu doze, que chamou de apóstolos: Simão, a quem deu o nome de Pedro; André, irmão de Simão Pedro; Tiago; João; Felipe; Bartolomeu

(também chamado Natanael); Mateus; Tomé; Tiago, filho de Alfeu; Simão (conhecido pelo sobrenome Zelote); Judas, filho de Tiago; e Judas Iscariotes, que posteriormente o traiu.

Jesus então desceu com eles a montanha até chegar a um terreno plano, onde havia um grande número de seguidores seus. Estava ali concentrada uma multidão de pessoas vindas de todas as partes da Judeia, de Jerusalém e da região costeira de Tiro e Sidônia, que tinham vindo para ouvi-lo e serem curados de suas doenças. Vieram também os atormentados por espíritos imundos, e eles foram curados. E todos procuravam tocar nele, porque dele emanava um poder que curava a todos (Lc 6,12-19).

Essa linda história acontece na passagem entre a noite e o amanhecer, e do amanhecer até a tarde. Jesus passou a noite em solitude com Deus. Pela manhã, reuniu seus apóstolos e criou uma comunidade. À tarde, ao lado de seus apóstolos, saiu para pregar a Palavra e curou os enfermos.

Repare na sequência: da solidão à comunidade, e da comunidade ao ministério. A noite foi reservada para a solitude; a manhã, para a comunidade; a tarde, para o ministério. No exercício do ministério, muitas vezes eu quis fazer tudo sozinho. Quando isso não funcionava, eu me dirigia às pessoas ao meu redor e dizia "Por favor!", em busca de uma comunidade que pudesse me ajudar. Se isso tampouco me ajudava, eu começava a orar.

Porém, a sequência que Jesus nos ensina tem o sentido inverso. Ela começa com Deus em solitude; cria então uma fraternidade, uma comunidade com a qual a missão será vivida; por fim, os membros desta comunidade saem juntos para curar e proclamar a boa-nova.

Creio que você pode considerar a solitude, a comunidade e o ministério como três disciplinas pelas quais podemos criar um espaço para Deus. Se criarmos um espaço no qual Deus possa agir e falar conosco, algo de surpreendente acontecerá. Se quisermos ser discípulos, teremos de iniciar a prática destas disciplinas.

Solitude

Solitude significa estar com Deus, e somente com Deus. Há algum espaço para isso em sua vida?

Por que é tão importante que você esteja com Deus, e somente com Deus, totalmente isolado do mundo? Isso é importante, pois neste lugar você poderá ouvir a voz daquele que o chama de "meu amado". Orar significa ouvir Aquele que chama você de "minha filha amada", de "meu filho amado". Orar significa permitir que esta voz fale ao centro do seu ser, ao mais íntimo de seu ser, e permitir que esta voz ressoe em todo o seu ser.

Quem sou eu? Eu sou um ser amado. Esta é a voz que Jesus ouviu logo após ser batizado no Rio Jordão: "Você é meu amado. Você me dá uma grande alegria". E Jesus diz a você e a mim que somos amados da mesma forma que Ele é amado. Esta mesma voz está ao seu lado. Enquanto você não reafirmar esta voz, não poderá caminhar livremente por este mundo.

Jesus ouvia esta voz o tempo todo, e com isso era capaz de enfrentar qualquer experiência na vida. As pessoas o aplaudiam, rindo dele; elogiavam-no e o rejeitavam; clamando "Hosana!" e então exclamando "Crucifique-o!" Porém, em meio àquilo tudo, Jesus sabia de uma coisa: "Eu sou o amado; sou o predileto de Deus". Ele se agarrou a esta voz.

Se criarmos um espaço no qual Deus possa agir e falar, algo de surpreendente acontecerá.

Há muitas outras vozes falando ao mesmo tempo, todas em alto volume: "Prove que você é uma pessoa amada". "Prove o seu valor." "Prove que você tem algo a contribuir." "Faça algo importante." "Busque o prestígio no meio social." "Conquiste algum tipo de poder – desse modo, as pessoas o amarão; assim, elas lhe dirão que você é maravilhoso, que você é o máximo."

Neste mundo, estas vozes têm um tremendo poder. São estas as vozes que Jesus escutou após ter ouvido "Você é meu amado". Uma outra voz lhe disse: "Prove que você é um ser amado. Faça algo. Transforme estas pedras em pão. Busque a fama: pule das alturas do templo, e então será conhecido. Conquiste algum poder, de modo que passará a ter uma verdadeira influência. Você não quer ter influência sobre as pessoas? Não foi por isso que você veio a este mundo?"

Jesus respondeu: "Não, não tenho nada a provar. Já sou um ser amado".

Adoro o quadro "O retorno do filho pródigo", de Rembrandt. Nele, o pai abraça seu filho e lhe diz: "Você é o meu filho amado. Não vou lhe fazer nenhuma pergunta. Pouco importa o lugar aonde você foi, o que você fez ou o que as pessoas dizem a seu respeito – você é meu filho amado. No meu abraço, você está seguro. Toco em você, e o mantenho em segurança em meu abraço. Comigo, você estará em casa, meu lar se chama compaixão, se chama Amor".

Tendo isso sempre em mente, quando você se deparar com um enorme sucesso ou com um fracasso retumbante, será capaz de lidar com isso sem perder a sua identidade, pois a sua identidade significa que você é o ser amado. Muito antes de seu pai e sua mãe, de seus irmãos e irmãs, de seus professores, de sua Igreja ou de qualquer outra pessoa tê-lo tratado de maneira amorosa ou então agressiva – muito antes de você ter sido rejeitado ou elogiado por alguém, aquela voz sempre esteve aí: "Eu sempre amei você, com um amor infinito". Este amor já existia antes de você nascer e continuará existindo depois de sua morte.

Uma vida que dura 50, 60, 70 ou 100 anos consiste num breve momento, no qual você pode dizer: "Sim, eu também te amo". Deus se transformou num ser tão vulnerável, tão pequeno e frágil numa manjedoura, permitindo-se até mesmo ser pregado numa cruz, e nos pergunta, em tom de súplica: "Você me ama? Você realmente me ama?

É a esta altura que se inicia o exercício do ministério, pois a liberdade tem como alicerce a reivindicação de que você é uma pessoa amada. É isso que lhe permite sair pelo mundo tocando as pessoas, curá-las, conversar com elas e garantir-lhes de que elas também são amadas, que são as pessoas eleitas e abençoadas. Quanto você descobre sua condição de um ser que é amado por Deus, percebe que esta mesma condição está presente nas outras pessoas e a anuncia ao mundo. O incrível mistério do amor de Deus é que, quanto mais sabe da profundidade com que você é amado, mais claro ficará para você a profundidade com que suas irmãs e irmãos da família humana são amados.

Mas isso não é nada fácil. Jesus passou a noite inteira em oração. Isso é um claro sinal de que a oração não é algo que sempre sentimos. Não é uma voz que sempre se ouve com ouvidos humanos. Nem sempre ela é um *insight* que de repente ocorre à sua pequena mente. (O coração de Deus é maior do que o coração humano, a mente de Deus é maior do que a mente humana, e a luz de Deus é tão intensa que poderia cegar você, dando-lhe a sensação de que você está em um completo breu.)

Porém, é preciso que você ore. Você precisa ouvir a voz que o chama de "meu amado"; caso contrário, sairá pelo mundo buscando a autoafirmação, mendigando elogios e sucesso. E, neste caso, você não é livre.

Ah, quem dera pudéssemos sentar somente meia hora por dia sem fazer nada, apenas pinçando uma palavra simples do Evangelho, e colocando-a diante de nós, por exemplo: "O Senhor é meu pastor; nada me faltará". Repita esta frase três vezes. Sabemos que isso não é verdade, pois desejamos muitas coisas. É justamente por isso que nossa ansiedade é tão grande. Porém, se continuarmos a repetir a verdade, a real verdade, "O Senhor é meu pastor; nada me faltará", permitindo que esta verdade desça de nossa mente em direção a nosso coração, estas palavras aos poucos estarão gravadas nas paredes de nosso santuário interior. Isso se tornará o lugar onde poderemos acolher nossos colegas e nosso trabalho, nossa família e amigos, e todas as pessoas que encontrarmos pelo caminho no dia a dia.

Mas o problema é: assim que você se senta em silêncio, começa a pensar: *Ah, esqueci-me de uma coisa. Preciso telefonar para meu amigo. Vou me encontrar com ele mais tarde.* A sua vida interior é como uma bananeira carregada de macacos pulando para cima e para baixo.

Não é fácil sentar-se em silêncio, confiante de que é em solitude que Deus falará com você – não na forma de uma voz mágica, mas no sentido de que ele lhe transmitirá algo gradualmente, com o passar dos anos. E é nesta palavra que vem de Deus que você encontrará o lugar interior a partir do qual poderá viver sua vida.

A solitude é o lugar onde o ministério espiritual tem início. Foi nela que Jesus foi capaz de ouvir Deus. É nela que podemos ouvir Deus.

Às vezes, percebo que a vida é como uma enorme roda de carroça com vários raios. O cubo da roda fica no centro. No exercício do ministério, muitas vezes parece que seguimos correndo ao redor das bordas da roda, tentando alcançar todas as pessoas. Porém, Deus nos diz: "Comece pelo cubo. Viva dentro do cubo. A partir dele você estará conectado com todos os raios, e desse modo não precisará correr tão depressa".

É justamente neste cubo, nesta comunhão com Deus que podemos descobrir o chamado à vida em comunidade. É impressionante como a solitude sempre nos chama para a comunidade. Na solitude você se dá conta de que é parte de uma família humana, e que deseja viver algo junto com ela.

Quando digo "comunidade" não me refiro a uma comunidade formal, e sim a famílias, amigos, paróquias, programas com doze etapas, grupos de oração. A comunidade não é uma organização; a comunidade é um modo de vida: você se junta a pessoas com as quais você deseja anunciar a verdade de que nós somos as filhas e os filhos amados de Deus.

Comunidade não é algo fácil. Certa vez, alguém afirmou: "Comunidade é o lugar onde mora aquela pessoa com quem você não tem a menor vontade de conviver". Na comunidade de doze apóstolos de

Jesus, o último nome era o de uma pessoa que o trairia. Esta pessoa está sempre em sua comunidade, em algum lugar; em determinados lugares esta pessoa talvez seja você.

Moro numa comunidade chamada Daybreak – uma dentre mais de uma centena de comunidades espalhadas pelo mundo onde convivem juntos crianças, homens e mulheres com deficiências mentais e pessoas que lhes prestam assistência. Aqui, compartilhamos todos os aspectos da vida cotidiana. Nathan, Janet e as demais pessoas de nossa comunidade sabem bem como a convivência em grupo é difícil e, ao mesmo tempo, linda.

Por que é tão importante que a solitude esteja presente antes da comunidade? Se não soubermos que somos as filhas e os filhos amados de Deus, ficaremos esperando que alguém na comunidade nos traga o sentimento de que isso é verdadeiro. Ninguém poderá fazer isso. Ficaremos à espera de alguém que nos traga este amor perfeito e incondicional. Porém, a comunidade não é um lugar onde a solidão se agarra à solidão: "Eu me sinto tão solitário, e você também é tão solitário". Nela, uma solitude se agarra a outra solitude: "Eu sou uma pessoa amada; você é uma pessoa amada; juntos, podemos formar um lar". Às vezes, você estará por perto, e isso é maravilhoso. Às vezes, você não será tão amoroso, e isso será difícil para mim. Mas podemos manter a fidelidade. Juntos, podemos criar um lar e um espaço para Deus e os filhos de Deus.

Em meio à disciplina da comunidade se encontram as disciplinas do perdão e da celebração. O perdão e a celebração estão no alicerce de uma comunidade, seja esta um casamento, uma amizade ou qualquer outra forma de comunidade.

O que é o perdão? Perdão significa permitir que uma outra pessoa não seja Deus. O perdão diz: "Eu sei que você me ama, mas você não tem a necessidade de me amar de modo incondicional, pois nenhum ser humano é capaz disso".

Todos temos feridas. Todos nós temos muitas dores. É justamente este sentimento de solidão que se mantém por trás de todas as nossas conquistas, é este sentimento de inutilidade que se esconde atrás de todos os elogios, é este sentimento de que nada tem sentido, mesmo quando ouvimos os outros nos dizer que somos pessoas fantásticas – isso tudo é o que às vezes nos faz agarrar a outras pessoas, esperando que elas nos deem o afeto e o amor que não são capazes de dar.

Quando desejamos que os outros nos deem algo que somente Deus pode oferecer, transformamo-nos em um demônio. Dizemos ao outro: "Me ame!", e, quando nos damos conta, estamos agindo de modo violento, exigente e manipulador. É muito importante que continuemos a perdoar uns aos outros; não somente de vez em quando, mas a cada momento da vida. Antes mesmo de tomar seu café da manhã, você já se deparou com no mínimo três oportunidades de perdoar alguém, pois sua mente já está se perguntando: *O que eles vão pensar de mim? O que ele/ela vai fazer? De que maneira ele/ela vai me usar?*

Perdoar os outros por serem capazes de lhe dar somente um pouco de amor: isso consiste numa disciplina rígida. Continuar pedindo perdão às pessoas pelo fato de você só conseguir lhes dar um pouco de amor – isso também implica numa disciplina rígida. É doloroso ter de dizer aos seus filhos, à sua esposa ou marido, aos seus amigos, que você não pode lhes dar tudo o que gostaria de dar. Mesmo assim, é neste ponto que a comunidade começa a ser criada, quando nos reunimos sem impor exigências e mostrando nossa capacidade de perdoar.

Quando você sabe que é um ser amado por Deus, é capaz de lidar com um enorme sucesso e também com um imenso fracasso.

É aqui que a celebração – a segunda disciplina da comunidade – assume um papel importante. Se você for capaz de perdoar o fato de que outra pessoa não pode lhe dar aquilo que somente Deus pode dar, então poderá celebrar os dons e talentos[3] dela. Poderá então perceber o amor que lhe é dado por esta pessoa como o reflexo do imenso amor incondicional de Deus. "Amem uns aos outros, pois eu amei vocês, antes de tudo". Quando conhecemos este amor que tudo antecede, podemos perceber o amor que nos chega das pessoas como um reflexo disso. Podemos então celebrar isso e dizer: "Uau, isso é lindo!"

Em nossa comunidade, a Daybreak, temos muitas oportunidades de praticar o perdão. Porém, em meio a este perdão emerge uma celebração: percebemos a beleza das pessoas que muitas vezes são consideradas marginais pela sociedade. Com a prática do perdão e com a celebração, a comunidade torna-se o lugar onde podemos evocar os dons e talentos das outras pessoas, podemos inspirá-las, dizendo: "Você é uma filha amada, você é um filho amado".

Celebrar os dons e talentos de outra pessoa não significa fazermos elogios uns aos outros: "Você toca piano melhor do que todos"; "Você canta tão bem". Não, o nome disso é *show* de talentos".

---

3 No original, *"gift"*, que também se traduz por "presente". Neste livro, estas três acepções da palavra estão sendo usadas, de modo alternado [N.T.].

Celebrar os dons e talentos de outra pessoa significa aceitar a humanidade dela. Desse modo, podemos enxergar o outro como alguém capaz de sorrir, de dizer "Bem-vindo", de comer e dar alguns passos. Alguém que é visto pelos outros como uma pessoa fragmentada de repente torna-se repleta de vida, pois por intermédio dela você é capaz de descobrir a sua própria fragmentação.

O que quero dizer é: neste mundo, muita gente vive sob o fardo da autorrejeição, dizendo: "Não sou bom. Sou inútil. As pessoas não se importam de verdade comigo. Se eu não tivesse dinheiro, elas não falariam comigo. Se eu não fosse um alto executivo nesta empresa, elas não ligariam para mim. Se eu não tivesse este poder de influência, não me amariam". Por trás de uma carreira de sucesso e altamente elogiada pode viver uma pessoa medrosa, que não se valoriza muito. Na comunidade é que aparece a vulnerabilidade mútua na qual perdoamos uns aos outros, e celebramos os talentos alheios.

Aprendi muitas coisas desde que cheguei à Daybreak. Aprendi que meu verdadeiro talento não se deve ao fato de eu escrever livros ou de ter me graduado em universidades. Os meus verdadeiros talentos vêm à tona por meio de Janet, Nathan ou dos outros que me conhecem bem, a ponto de não se impressionarem com estas coisas. De vez em quando, eles me dizem: "Vou lhe dar um bom conselho: Que tal você ler alguns de seus próprios livros?"

Há algo de terapêutico no fato de eu ser famoso por minha vulnerabilidade, por minha falta de paciência e por minhas fraquezas. De repente, percebo que Henri também é uma boa pessoa aos olhos de pessoas que não leem livros e que não dão a menor importância ao sucesso. Estas pessoas são capazes de sempre me perdoar por minhas atitudes e comportamentos egocêntricos, que volta e meia tenho.

Ministério

Todos os discípulos de Jesus são chamados ao exercício do ministério. Antes de mais nada, ministério não é algo que você *faça* (embora seu chamado seja para que você faça muitas coisas). O ministério é algo em que você precisa confiar. Se você sabe que é um ser amado, sempre perdoa as pessoas com quem convive em comunidade, e celebra os dons e talentos delas, esta sua prática é o exercício do ministério.

Em sua prática de curar as pessoas, Jesus não fazia nada de complicado. As pessoas eram curadas a partir de um poder que ele emanava. Ele não dizia coisas do tipo "Vamos conversar uns dez minutos, e então decidirei se posso fazer algo a você". Todos que tocavam nele eram curados, pois havia um poder que emanava de seu coração puro. Ele só queria uma coisa: fazer a vontade de Deus. Mostrava uma total obediência, alguém que sempre escutava Deus. Desta escuta nasceu uma intimidade com Deus, que irradiava na direção de todos aqueles que Jesus via e tocava.

O ministério significa que você precisa ter confiança nisso. Você precisa confiar que, na condição de filho ou a filha de Deus, o poder emanará de você e, com isso, as pessoas serão curadas.

"Agora vão e curem os enfermos. Dou a vocês autoridade para caminhar sobre cobras e escorpiões. Ressuscitem os mortos." Nada disso é conversa fiada. No entanto, Jesus disse: "Tudo o que eu fizer vocês também serão capazes de fazer, e poderão fazer coisas ainda maiores". Jesus disse com estas exatas palavras: "Vocês estão sendo enviados ao mundo assim como eu vim enviado a este mundo: para curar".

Confie neste poder de cura. Confie que se estiver vivendo como um ser amado, consciente disso ou não, você levará a cura para as pessoas. Porém, você terá de ser fiel a este chamado.

O ministério da cura pode ser expressado por meio de duas palavras: gratidão e compaixão.

A cura geralmente acontece quando se consegue que as pessoas sintam gratidão, uma vez que todos estão tomados pelo ressentimento. O que é o ressentimento? Uma raiva fria. "Estou com raiva dele. Sinto raiva disso. Não quero isso aconteça desta maneira." Aos poucos, sinto uma negatividade em relação a um número cada vez maior de coisas, e com isso logo me transformo numa pessoa ressentida.

O ressentimento faz com que você se agarre a seus fracassos e frustrações, e se queixe em relação às perdas que teve na vida. Nossa vida inclui um número enorme de perdas – perdemos sonhos, perdemos amigos, perdemos membros da família e perdemos algumas esperanças. O risco de reagirmos a estas incríveis dores de um modo ressentido sempre estará à espreita. O ressentimento enrijece nosso coração.

Jesus nos faz um chamado à gratidão. Ele nos diz: "Seus tolos. Vocês não sabiam que o Filho do Homem – você, nós – tem que sofrer, a fim de ser conduzido à glória? Não sabiam que estas dores são dores de parto que o conduzem à alegria? Não sabiam que tudo que encaramos como perdas são, na verdade, ganhos aos olhos de Deus? Aqueles que perdem sua vida a ganharão. E se a semente não morrer, ela continuará sendo uma pequena semente; mas se ela morrer, só então dará muitos frutos".

Você é capaz de sentir gratidão por tudo que aconteceu em sua vida até hoje – não apenas pelas coisas boas, mas por tudo que o trouxe até aqui? Foi a dor sofrida por um Filho que criou uma família de pessoas conhecida como cristãos. Este é o mistério de Deus.

O objetivo de nosso ministério é ajudar as pessoas a gradualmente abandonarem o ressentimento, e a descobrirem que bem no centro da dor há uma bênção. Em meio às suas lágrimas: este é o lugar onde a dança começa, e onde a alegria é experimentada pela primeira vez.

Neste mundo insano, criamos uma distância enorme entre tempos bons e ruins, entre tristeza e alegria. Porém, aos olhos de Deus, nunca há separação entre estas coisas. Onde há dor, há cura. Onde há pobreza, o reino está presente.

Jesus diz: "Chore com suas dores, e você descobrirá a minha presença em suas lágrimas, e será grato pela minha presença em suas fraquezas". O exercício do ministério significa ajudar as pessoas a se sentirem gratas pela vida, mesmo que isso envolva dor. Tal gratidão poderá fazer com que você se entregue ao contato com as pessoas, justamente nos lugares onde há sofrimento. O ministro, o discípulo de Jesus, se dirige ao lugar onde há dor não porque ele seja um sadomasoquista, mas por Deus estar oculto em meio a esta dor.

"Bem-aventurados os pobres." Jesus não diz "Bem-aventurados os que cuidam dos pobres", mas "Bem-aventurados os pobres. Bem-aventurados os que choram. Bem-aventurados os que sofrem. Eu estou com eles". Para exercer o ministério, você precisa estar no lugar onde a dor está. Às vezes, vista de longe, uma pessoa poderá parecer bem-sucedida, que não tem sofrimentos, mas dentro dela pode haver uma dor oculta.

Compaixão significa *sofrer com*, viver ao lado daqueles que sofrem. Quando Jesus se encontrou com a mulher de Naim, disse: "Esta viúva perdeu seu único filho", e agiu movido pela compaixão. Jesus sentiu a dor daquela mulher no mais íntimo de seu ser. Sentiu a dor dela tão profundamente em seu espírito que, movido pela compaixão, trouxe o filho dela de volta, de modo que fosse capaz de devolver aquele filho de volta à sua mãe.

Somos enviados para todos os lugares onde houver pobreza, solidão e sofrimento, para criarmos a coragem de estar com as pessoas. Confie que, ao dirigir-se aos lugares onde a dor está presente, você encontrará a alegria de Jesus. Ao longo da história, todos os ministérios foram construídos com base neste conceito. A partir da compaixão, nasce um novo mundo.

Seja compassivo assim como o seu Pai que está nos céus é compassivo. Este é um chamado da maior importância. Mas não tenha medo. Não diga "Não consigo fazer isso".

Uma vez ciente de que você é um ser amado, e quando está cercado de amigos com quem convive em comunidade, você é capaz de qualquer coisa. Deixa de sentir medo. Não teme bater à porta de alguém que está prestes a morrer. Não evita uma conversa séria com uma pessoa que, por trás de todo o *glamour* que ela exibe, precisa muito do ministério. Você está livre.

Eu passei muitas vezes por esta experiência. Quando me senti deprimido ou ansioso, eu sabia que meus amigos não poderiam me ajudar. As pessoas que me colocaram em contato com o ministério foram aquelas que não sentiam medo de estar comigo. Foi justamente quando me senti pobre que eu descobri a bênção de Deus.

Há poucas semanas um amigo meu morreu. Era um colega de classe, e me enviaram o vídeo da cerimônia de seu funeral. A primeira leitura que fizeram durante a cerimônia era uma história sobre um riacho. O riacho disse: "Eu posso me transformar em um grande rio". Ele fez um esforço enorme para conseguir isso, mas havia uma grande rocha no caminho. O riacho disse: "Eu vou contornar esta rocha". Com um esforço tremendo, e por ter uma força muito grande, o riacho conseguiu contornar a rocha.

Mais adiante, o riacho se deparou com um paredão, e então começou a empurrá-lo. Continuou empurrando até que, por fim, abriu nele uma grota, por onde conseguiu seguir seu curso. Percebendo que seu volume de água aumentava, o riacho disse: "Eu consigo. Posso seguir empurrando. Não vou desistir por nada desse mundo".

Deparou-se, então, com uma enorme floresta. O riacho disse: "Vou continuar seguindo meu curso e, se for preciso, derrubo estas árvores". E foi o que ele fez.

Sentindo-se agora poderoso, o riacho viu-se às margens de um enorme deserto, onde o sol castigava o solo. Ele disse: "Vou atravessar este deserto". Porém, a areia quente logo começou a absorvê-lo por inteiro. O riacho disse: "Ah, essa não. Eu vou conseguir. Vou atravessar esse deserto. Mas logo depois o riacho já tinha sido absorvido pela areia e estava agora reduzido a uma pequena poça de lama.

Foi então que o riacho ouviu uma voz vinda do alto: "Renda-se. Deixe-me erguer você. Deixe que eu assumo o controle".

O riacho respondeu: "Sim, aqui estou".

Então o sol ergueu o riacho e transformou-o numa enorme nuvem. Carregou o riacho por toda a extensão do deserto e fez com que a nuvem despejasse uma chuva que tornou os campos daquela área frutíferos e abundantes.

Há momentos em nossa vida em que estamos parados diante do deserto e queremos fazer tudo sozinhos. Porém, nesses momentos uma voz surge dizendo: "Largue isso. Renda-se. Farei com que você dê frutos. Sim, confie em mim. Entregue-se a mim".

O que mais importa em nossas vidas não são as conquistas, mas os frutos. Talvez você não consiga enxergar os frutos produzidos por sua vida. Em geral, os frutos da vida nascem de sua dor, de sua vulnerabilidade e de suas perdas. Os frutos de sua vida só emergem depois que o arado revolveu sua terra. Deus deseja que você produza frutos.

A pergunta principal não é "Quanto ainda posso fazer nos anos que me restam a viver?", e sim "Como posso me preparar para me render completamente, para que minha vida dê muitos frutos?"

Nossas vidinhas são vidas pequenas, vidas humanas. Porém, aos olhos daquele que nos chama de "meu amado", somos enormes – ainda maiores do que os anos que ainda nos restam. Nós daremos frutos, frutos que talvez não vejamos neste planeta, mas nos quais podemos confiar.

Solitude, comunidade, ministério – estas disciplinas nos ajudam a viver uma vida repleta de frutos. Permaneça com Jesus; Ele permanecerá com você. Você produzirá muitos frutos e terá muitas alegrias. E esta alegria será plena.

2

A formação espiritual e a comunidade

Neste artigo, Henri reflete sobre o papel da formação espiritual e da comunidade nos estudos teológicos. Este texto foi originalmente publicado na revista Sojourners, em agosto de 1977, num artigo intitulado "What Do You Know by Heart[4]? Learning Spirituality".

Recentemente, li um conto que expressa de um modo simples, mas poderoso, a importância da formação espiritual nos estudos teológicos.

> Um garotinho observava um escultor fazendo seu trabalho. Durante semanas, ele seguiu desbastando um grande bloco de mármore. Poucas semanas depois,

---

4 Um jogo de palavras dá um duplo sentido a esta frase: "saber de cor; de memória" ou "saber/conhecer por intermédio do coração" [N.T.].

ele havia criado um lindo leão de mármore. Impressionado, o garoto perguntou: "Como o senhor sabia que tinha um leão dentro daquela rocha?"[5]

Muito antes de conhecer o mármore, o escultor tem que conhecer o leão. Ele precisa conhecer o leão "de cor" para poder visualizá-lo na rocha. O segredo do escultor é: aquilo que ele sabe *de cor* ele consegue reconhecer no mármore. Quando ele conhece um anjo *de cor*, ele verá um anjo no mármore; quando conhece um demônio *de cor*, verá um demônio no mármore; quando conhece Deus *de cor*, verá Deus no mármore. Portanto, a principal questão para o escultor é: "O que você sabe de cor, por intermédio do coração?"

O conto sobre o garoto e o escultor nos ajuda a enxergar a formação espiritual como a formação do coração. Qual é o valor de um ministro bem-capacitado e culto se seu coração permanecer em um estado de ignorância? Que valor pode ter a enorme erudição teológica de uma pessoa, ou sua grande prática nas ações pastorais, quando não há um coração bem-formado que possa guiar uma mente culta?

---

5 Extraído do livro *Existential metapsychiatry*, de Thomas Hora (Nova York: Seabury, 1977).

Se o conhecimento contido na mente conduz a Deus ou ao diabo, isso dependerá do coração. Sempre que a Palavra de Deus se limita a um tema de análise e debates, sem que desça até o coração, ela pode facilmente tornar-se um instrumento de destruição, em vez de um guia que conduz ao amor. A formação espiritual requer uma constante disciplina que desça da mente até o coração, de modo que o conhecimento verdadeiro possa ser encontrado.

Embora muitas pessoas concordem com a necessidade da formação espiritual, *como* chegar até ela continua sendo, para a maioria delas, uma pergunta dificílima de responder. O conhecimento disseminado pelas várias "escolas" na história da espiritualidade cristã – escolas representadas por pessoas como Pseudo-Dionísio, o Aeropagita, Mestre Eckhart, Teresa de Ávila, Inácio de Loyola, John Wesley, George Fox, Thomas Merton, a Fraternidade dos Pequenos Irmãos de Jesus e os irmãos da Comunidade de Taizé – deixa claro que existem inúmeros caminhos na formação espiritual. Porém, por trás desta grande variedade, existem alguns temas que podem servir de norte às pessoas que se interessam pelo próprio crescimento espiritual e também pelo crescimento alheio. Centrarei o foco em três temas que me parecem ter uma importância especial no contexto dos estudos teológicos: a *lectio divina*, o silêncio e a orientação.

Lectio divina

A expressão *lectio divina* tem origem na tradição beneditina que faz referência à leitura meditativa da Bíblia. Eu gostaria de enfatizar a importância de lermos a Palavra de Deus, pois suspeito, cada vez mais, que os estudos teológicos talvez estejam nos fazendo esquecer de como devemos ler a Bíblia no sentido da *lectio divina*. A leitura da Bíblia exige, antes de mais nada, que abordemos a Palavra de Deus tal como ela é falada para mim, como uma palavra por meio da qual Deus se revela a mim pessoalmente. Trata-se do momento em que a minha história pessoal e a história de Deus se encontram, e no qual alguma coisa deve acontecer. A leitura da Bíblia no sentido da *lectio divina* significa, acima de tudo, que eu a devo ler "ajoelhado", com reverência e com atenção, com a profunda fé de que Deus tem uma palavra para mim, para cada situação em particular.

A Bíblia, na verdade, não é, acima de tudo, um livro com informações, mas um livro de formação; não é um livro a ser analisado, esquadrinhado e debatido, mas um livro que possa nos nutrir, integrar nosso coração e mente, e servir de fonte constante de contemplação. Somente quando nos dispomos a ouvir a Palavra como uma palavra que nos é dirigida que a Bíblia pode revelar-se e penetrar o cerne de nosso coração. Isso não é nada fácil, pois exige uma disposição contínua de sermos convertidos e conduzidos a lugares aonde preferimos não ir.

Silêncio

Sem o silêncio, a palavra jamais pode gerar frutos. Um dos aspectos mais deprimentes que percebo nos seminários de hoje em dia é a total ausência do silêncio. Sempre me impressionou o fato de seminaristas, ministros da Igreja e padres serem pessoas tão tagarelas. Sempre que encontro estudantes de teologia, noto que há muita conversa entre eles. Muitas vezes, isto é um sinal de uma atmosfera agradável e de um estilo de vida mais extrovertido, mas me pergunto se a Palavra de Deus pode realmente ser acolhida no íntimo de nosso coração quando as palavras destas pessoas continuam a se impor como barreiras.

O silêncio é o caminho nobre que conduz à formação espiritual. Jamais encontrei alguém com um sério interesse pela vida espiritual e que não tivesse um desejo cada vez maior de estar em silêncio.

Aqueles que buscam o espírito da verdade não apenas se dão conta de que "dentre todas as partes do corpo, a língua é, em si, um mundo de iniquidade" (Tg 3,6), mas também percebem que apenas por meio do silêncio a palavra das Escrituras poderá descer da mente até o coração. Enquanto nossos corações e mentes estiverem cheios de palavras que nós mesmos fabricamos, simplesmente não haverá espaço para que a Palavra de Deus penetre profundamente o nosso coração e dê frutos.

Em silêncio, a palavra das Escrituras pode ser acolhida e pode-se meditar sobre ela. A meditação, portanto, significa acima de tudo acolher a Palavra de Deus em nosso silêncio, no qual podemos ruminá-la, mastigá-la, "comê-la", e permitir que ela se transforme em carne e sangue dentro de nós. Sem o silêncio, a palavra jamais poderá servir de nosso guia interior, pois será incapaz de construir um lar dentro de nosso coração, a partir de onde possua atuar.

Muitas vezes me pergunto se não valeria a pena que os estudantes de teologia dedicassem à meditação silenciosa no mínimo o mesmo tempo que dedicam às horas que passam na sala de aula. Desse modo, as inúmeras palavras a respeito de Deus que eles ouvem poderão ser filtradas e acolhidas em seus corações.

Orientação

Por meio da Palavra que nasce do silêncio, e para o qual ela sempre volta, o Espírito de Deus pode penetrar nosso coração e expressar o seu clamor a partir do centro de nosso ser. Porém, o caminho que conduz ao coração por meio da Palavra e do silêncio não é tão suave quanto parece. Ficamos confusos facilmente, não sabemos em quais experiências confiar ou deixar de confiar, quais pistas devemos seguir e quais evitar. No caminho que nos leva da mente ao coração – o caminho da formação espiritual – há armadilhas. Portanto, não é de surpreender que as pessoas que decidem trilhar seriamente o caminho da vida espiritual estejam sempre buscando orientação. E, nos dias de hoje, muitos guias surgem diante de nós. Lamentável é que neste meio haja tanto amadorismo – somente poucos guias conhecem o caminho suficientemente bem, e merecem nossa confiança.

Um dos sinais mais animadores que têm surgido recentemente é o desenvolvimento de centros nos quais as pessoas recebem orientação sobre o caminho espiritual. Tem havido uma necessidade cada vez maior de pessoas que possam ser úteis na tarefa de distinguir entre o Espírito Santo de vários outros espíritos profanos. Eu apostaria no fato de que o futuro dos estudos teológicos será influenciado de modo significativo por este novo desenvolvimento. Quando os estudantes estiverem seriamente comprometidos em criar espaços para o poder liberador do Espírito Santo em seu mais profundo *self,* os estudos sobre exegese, dogmas religiosos, história e particularmente sobre a assistência pastoral terão ampliado consideravelmente o seu potencial de "formar corações".

Seja qual for a "escola de oração" específica com a qual estivermos lidando, todas elas enfatizam o fato de que a Palavra de Deus precisa ser acolhida em silêncio, sob a orientação de um guia competente. Porém, isto ainda não representa a palavra final no que diz respeito à formação espiritual. Isso pode ser bastante frustrante, pelo fato de insinuar que a formação espiritual é, em enorme medida, um assunto individual. Leio as palavras, penetro-as em silêncio, e converso com um especialista que possa me ajudar no caminho rumo a meu coração. É comum que se considere a formação espiritual como o treinamento de gigantes espirituais; neste caso, logo conclui-se que buscadores espirituais especiais são guiados por mestres espirituais especiais, que por sua vez aplicam técnicas e métodos espirituais especiais. Neste aspecto nos deparamos com uma diferença de ênfase entre a espiritualidade cristã e a espiritualidade dos povos da Ásia.

Comunidade

Em sua essência, a espiritualidade cristã é comunitária. A vida de orações do cristão jamais pode ser compreendida de modo independente da vida comunitária. Na vida do cristão, a oração conduz à comunidade, e esta conduz à prece. A *lectio divina*, o silêncio e a orientação tornam-se plenamente fecundos no contexto da comunidade cristã. Portanto, a leitura da Palavra de Deus e a escuta silenciosa desta não são técnicas individuais que levam à perfeição individual. O guia espiritual não é um guru cuja autoridade depende de sua iluminação pessoal. Tudo isso é parte integral da vida das pessoas de Deus, que é manifestada, acima de tudo, num espaço comunitário para os cultos e a expressão da devoção.

Somos tentados a considerar que a formação do coração é um assunto bastante individual. Esta tentação na direção do individualismo é particularmente acentuada pelo fato de seminários e cursos de divindade[6] fazerem parte de instituições acadêmicas competitivas, nas quais a ambição é

---

6 Curso eclesiástico e intensivo, direcionado a missionários e pastores que desejam uma formação, se aprimorar ou adquirir conhecimento de Deus e de sua palavra. O curso prepara pessoas para administrar, fundar e liderar Igrejas, conselhos de pastores etc. [N.T.].

altamente valorizada. Sempre que a ambição e a competição predominam, a formação da comunidade se torna extremamente difícil, ou mesmo impossível. Mesmo assim, o exercício do ministério significa, acima de tudo, serviço em benefício do povo de Deus, e jamais pode ser reduzido a modelos psiquiátricos ou psicológicos nos quais a relação entre apenas duas pessoas é um elemento central. Tudo isso apenas reforça a percepção de que a formação espiritual nos estudos teológicos deve incluir uma formação contínua na vida comunitária.

A palavra é, acima de tudo, lida em comunidade; o silêncio é, acima de tudo, parte de nossa vida comunitária; e a direção espiritual deve ser vista e vivida, acima de tudo, como uma direção que é definida em benefício de uma comunidade mais ampla.

Se isso tudo for verdade, surgem então várias questões novas, não apenas em termos de conteúdo e do método do ensino teológico, mas sobretudo no que diz respeito a seu estilo. Na condição de alunos e professores, vivemos uma experiência com o ensino teológico que envolva uma responsabilidade comunitária? Será que temos a plena percepção de que estamos sendo chamados a aprender juntos uns com os outros, apoiando-nos mutuamente? Será que a sala de aula é realmente um lugar de vida comunitária? Nossos projetos, os artigos que escrevemos e nosso trabalho de campo são, de fato, frutos da vida que compartilhamos juntos? Os cultos diários e a comunhão semanal representam, de fato, o clímax e a expressão mais plena de nossa experiência como povo de Deus?

Todas estas questões, e outras semelhantes a estas, têm grande importância se realmente acreditamos que o ministério consiste, basicamente, em uma vocação proporcionada pela comunidade, e manifestada em seu benefício. Os estudantes de teologia não estarão preparados para tal ministério se o conjunto de experiências em seu processo de educação formal continuar sendo um estímulo à competição e a um individualismo exacerbado.

Convém não cairmos na ilusão de acreditar que a formação espiritual possa se dar em um contexto com excessiva ênfase ao plano individual. Na verdade, isso poderá provocar o efeito contrário. Quando a palavra, o silêncio e a orientação como caminhos que conduzem ao coração são apresentados num contexto essencialmente individualista, talvez simplesmente alimentem nossas tendências narcisistas nos conduzindo a um egoísmo espiritual. Com isso, a assim chamada "formação espiritual" conduzirá a um estreitamento do coração, afastando-nos do chamado bíblico para sermos pastores da Palavra de Deus.

Portanto, é perfeitamente compreensível que, sempre que o autêntico crescimento espiritual acontece, está presente o desejo cada vez maior de aprofundar a vida espiritual.

Permitam-me acrescentar aqui, brevemente, que a comunidade tem pouco – ou nada – a ver com as "técnicas de grupo" de nossos dias. Debates em grupos pequenos, conversas em sala de aula, *workshops* para despertar a sensibilização e todas as demais maneiras de reunir as pessoas não são, necessariamente, expressões de uma comunidade. Podem muito bem ser o contrário disso. Pessoas que têm participado de um grupo de treinamento ao longo de um ano inteiro talvez aprendam muito sobre padrões de liderança ou sobre interação humana, mas elas não necessariamente formam uma comunidade.

A comunidade é um dom do Espírito que pode se manifestar de várias formas diferentes: tanto no silêncio quanto por meio de palavras, por meio da escuta ou da fala, na vida comunitária ou em solitude, e em inúmeras formas de culto e adoração. A comunidade em si é sobretudo um atributo do coração, que nos permite desmascarar as ilusões de nossa sociedade competitiva e nos reconhecermos como irmãos e irmãs em Cristo, e filhos e filhas do mesmo Pai. Por ser uma característica própria do coração, a comunidade não se limita a nenhuma forma institucional específica; ela é livre para criar novas formas de vida onde quer que se manifeste.

Portanto, a vida espiritual é sempre comunitária. Ela flui a partir da comunidade, e cria a comunidade. Trata-se da vida do Espírito dentro de nós, do Espírito de Deus que habita a parte mais íntima de nosso coração e de nossa vida em comunidade. Aquilo que está no plano mais individual revela-se o mais comunitário; aquilo que é mais íntimo revela-se o que está mais exposto; e aquilo que mais nutre nossas vidas individuais revela-se o melhor alimento para nossas vidas como povo de Deus que somos. Portanto, não é de surpreender que a oração e a comunidade sempre estejam juntas, porque o mesmo Espírito que ora dentro de nós é o Espírito que nos une dentro de um único corpo.

De que modo podemos expressar claramente a importância da formação espiritual para aqueles que exercem o ministério em nossos dias? A melhor maneira parece ser considerando que o caminho rumo ao coração é o caminho para a liberdade. Este é o caminho para a liberdade, pois é o caminho que conduz à verdade, e a verdade nos libertará. Quando Jesus deixou seus discípulos, disse: "É para o seu próprio bem que estou partindo, porque a menos que eu vá embora, o Auxiliador não virá;

mas, se eu partir, eu o enviarei a vocês... E Ele os conduzirá à plena verdade" (Jo 16,7-13).

O Espírito da Verdade nos liberta da ignorância, que nos mantém escravizados. A ignorância faz com que busquemos a aceitação onde ela não pode ser encontrada, e nos deixa na expectativa de mudanças em relação a situações em que tal expectativa é descabida. A ignorância nos leva a lutar por um mundo novo como se fôssemos capazes de fazê-lo por nossa própria conta, e a julgar o próximo como se tivéssemos a palavra final. A ignorância nos mantém enredados nas ilusões de nosso mundo, e nos traz muitas dores e sofrimento.

Por meio da vida espiritual, somos libertados pelo Espírito de Deus, que é o Espírito da Verdade. Por intermédio deste Espírito podemos realmente estar *no* mundo, sem sermos *do* mundo. Podemos nos movimentar livremente sem estarmos limitados a falsos apegos. Podemos falar livremente sem temer a rejeição humana. E podemos viver em paz e alegria ainda que estejamos cercados por conflitos e tristezas. Foi este Espírito que deu aos discípulos a liberdade de viajarem grandes distâncias e proclamarem de modo ousado a Palavra de Deus mesmo quando esta prática fazia com que fossem perseguidos, presos ou assassinados. Este mesmo Espírito nos trará a liberdade de viver numa sociedade como a nossa – que se dirige cada vez mais rumo à aniquilação – na condição de testemunhas da nova vida que surgiu por meio de Jesus Cristo.

A formação espiritual é parte indispensável dos estudos teológicos. Ela nos prepara por uma vida na qual estamos livres das compulsões e necessidades que são fruto da ignorância, e livres para servirmos no mundo, mesmo quando isso nos conduz a lugares que preferimos evitar. A formação espiritual nos oferece um coração livre, que nos permite enxergar a face de Deus em meio a um mundo enrijecido, e que usemos nossas habilidades para tornar esta face visível a todos os que vivem na escuridão.

3

Encontrando a solitude na comunidade

Neste artigo, Henri descreve a urgência da solitude para as comunidades cristãs que estão à beira do burnout, analisando mal-entendidos comuns e oferecendo orientação para que as comunidades possam encontrar um ritmo saudável. O texto foi originalmente publicado na revista Worship, *em 1978.*

Muitas pessoas que hoje vivem em comunidade se perguntam: "Como posso encontrar tempo e espaço para mim mesmo?" Esta pergunta, que pode surgir em qualquer tipo de comunidade, torna-se ainda mais compreensível quando nos damos conta de que muitas das comunidades que existem hoje nasceram como resposta à consciência cada vez maior de forças destrutivas em nossa sociedade contemporânea, tais como a discriminação racial, a opressão dos pobres, a proliferação de armas nucleares e as precárias condições em que vivem os prisioneiros políticos.

Podemos distinguir estas novas comunidades pelo fato de nelas novos modos de vida estarem diretamente associados ao serviço prestado aos pobres e aos oprimidos. No entanto, as pessoas a quem tais comunidades desejam prestar serviços geralmente têm tantas necessidades urgentes que o tempo e o espaço necessários para orar, ler, escrever ou simplesmente estar em solitude parecem ser um objetivo quase inatingível. As pessoas que têm vivido nessas comunidades "proféticas" já começam a se perguntar como podem evitar a exaustão física, mental e espiritual. De que modo podem encontrar a solitude que lhes permitirá recuperar sua vitalidade interior, descobrir novas perspectivas e manter contato com seus próprios recursos internos?

Recentemente, a intensidade da vida comunitária tem feito com que alguns membros se afastem de suas comunidades por um tempo determinado, e com que outros as deixem em definitivo. Várias comunidades se revelaram incapazes de se sustentar, e se dissolveram, após passarem por conflitos dolorosos. Trata-se aqui de uma das questões mais importantes da vida em comunidade: o lugar ocupado pela solitude na vida comunitária.

Em geral, esta questão é formulada com frases claras e diretas: "Como posso encontrar uma hora em que eu consiga ler sem ser perturbado? Como posso evitar o constante bombardeio de demandas e pedidos das pessoas?" Esta busca de solitude também aparece em queixas que conhecemos bem, como: "Há sempre milhares de coisas acontecendo por aqui; eu mal consigo dar conta delas!" Tais questões e queixas nascem de desejos específicos do tipo: "Muitas vezes sonho em ter um dia inteiro só para mim, mas enquanto eu estiver morando aqui, no meio de tanto sofrimento e de tantas necessidades, talvez este dia nunca chegue. Dizer isso chega a passar a impressão de que estou querendo mordomias!" São estas questões, queixas e sonhos que envolvem a profunda necessidade humana de encontrar a solitude.

Cada vez mais está ficando evidente que, para a sobrevivência de uma comunidade no longo prazo, a solitude é essencial. Sem ela, a vida comunitária está fadada ao fracasso. Isso se aplica a todas as formas de vida comunitária – casamento, amizades e a vida compartilhada com um pequeno grupo. No entanto, a solitude tem uma especial importância para todas as comunidades que se intitulam "proféticas" ou "comunidades de resistência". Justamente pelo fato de estas comunidades representarem vozes tão cruciais em nossa sociedade, é essencial que elas possam receber os cuidados e a atenção que só podem ser encontrados em um ambiente de solitude.

Nas páginas a seguir pretendo apresentar algumas reflexões sobre a solitude na comunidade. Espero que, para algumas comunidades, tais ideias possam lhes renovar os ânimos para que permaneçam fiéis à visão que originalmente serviu de base para sua formação. Estas reflexões são fruto de debates com vários amigos que vivem em comunidade e mostram uma profunda preocupação com as tendências destrutivas – e muitas vezes suicidas – de nosso mundo. Apresento-as aqui com o desejo de impedir que as comunidades que perderam o poder espiritual de ser uma fonte de esperança em um mundo caótico contribuam para o aumento estatístico de comunidades que enfrentam um *burnout*.

Começarei descrevendo dois pontos de vista que costumam vigorar na sociedade sobre o papel da solitude na comunidade, e que considero falsos ou, ao menos, bastante limitados. A seguir, tentarei descrever, com um olhar mais otimista, o indispensável papel exercido pela solidão na vida comunitária. Alimento a esperança de que estas observações estimulem mais debates sobre este tema entre as pessoas que receberam um importante chamado para integrar uma comunidade.

Dois pontos de vista que nos são familiares

A solitude, comparada à comunidade

Em muitos ambientes predomina a distinção entre o tempo que se dedica a si mesmo e o tempo dedicado à comunidade. Uma vez que se faz tal distinção, passa-se a criar uma disputa entre as preocupações do indivíduo e as que são próprias da comunidade. Assim que tal linha divisória é demarcada, começa a surgir um número infinito de falsas preocupações.

A solitude, não importando a forma que ela assuma, transforma-se, desse modo, num direito individual que prevalece sobre os direitos da comunidade. Esta distinção coloca a solitude dentro da esfera da "vida privada", que é vista como oposta à "vida comunitária". A solitude está relacionada ao tempo e ao espaço em que posso ser eu mesmo, fazer minhas coisas, trabalhar naqueles aspectos de minha vida que trarão benefícios a mim, e somente a mim. No momento em que aceitamos este ponto de vista, passamos a aceitar uma dicotomia falsa e bastante perigosa, que pode afetar nossos pensamentos, sentimentos e comportamentos, de um modo extremamente destrutivo.

Um dos principais efeitos deste modo de encarar a solitude é que as pessoas com as quais eu escolhi conviver tornam-se também as mesmas que considero rivais. Elas compartilham de minhas preocupações em nível pessoal, mas ao mesmo tempo ameaçam invadir minha preciosa privacidade. Elas me oferecem a oportunidade de realizar meus sonhos, mas também impedem meu crescimento pessoal. Oferecem-me uma grande assistência, mas também reivindicam aquela porção de meu ser que é exclusivamente minha.

As pessoas que defendem esta dicotomia identificam a solidão com "privacidade" e, portanto, consideram-na um elemento que compete com a vida comunitária. Porém, este ponto de vista é sedutor pelo fato de ocultar um raciocínio bastante "mundano". Ele atribui um *status* de verdade incontestável a afirmações do tipo "Tenho direito à privacidade" e "Ter tempo para mim mesmo é uma necessidade humana básica". Nestas afirmações está implícita uma visão que pode conduzir a equívocos, causando com isso uma boa dose de sofrimento desnecessário.

Por exemplo, elas podem criar sentimentos de culpa, pelo fato de nossa necessidade de solitude ser encarada como o desejo de passar um tempo distante das pessoas às quais prometemos que conviveríamos juntos. Quando necessitamos de silêncio, de tempo para estudar, orar, ler ou escrever, costumamos sentir culpa, pois sabemos que há muitas coisas mais urgentes ou mais importantes a serem feitas. Este ponto de vista equivocado também nos deixa irritadiços. Encaramos as demandas alheias em relação à maneira que usamos nosso tempo como ataques a nossas necessidades pessoais, e por fim nós as cumprimos, ao mesmo tempo que, internamente, resistimos a isso. Este ponto de vista também causa uma tensão interior e ansiedade. Mesmo que realmente tenhamos tempo e espaço para nós mesmos, talvez nos seja difícil desfrutar disso: nosso estado de prontidão para uma eventual demanda para prestar assistência a uma pessoa mantém nosso coração em um estado de desassossego e confusão.

Há sempre algo que precisa ser feito. Como podemos estar em paz quando sentimos que nossos amigos precisam de nós? Sentimentos de culpa, irritabilidade, tensões internas, ansiedade e muitas outras formas de sofrimento podem ser o resultado de uma falsa dicotomia entre solitude e comunidade, e podem ser bastante nocivas para nossa vida comunitária.

A solitude no serviço comunitário

Há um segundo ponto de vista sobre a solitude que considero falso, ou, no mínimo, bastante limitado. De acordo com esta visão, a solitude consiste em uma mera ferramenta a serviço da vida comunitária; não é vista como o tempo e o espaço necessários para o indivíduo, em contraste com o tempo e espaço dedicados à comunidade; tão somente desempenha uma função para a comunidade. A solitude é benéfica para os membros da comunidade, pois quando estes retomam o convívio comunitário após um período de isolamento, voltam revigorados, recuperados e com uma maior capacidade de envolvimento com as tarefas cotidianas.

O lado positivo deste ponto de vista é o fato de ele não nos permitir considerar a solitude como algo semelhante à privacidade, fazendo com que nós a associemos de modo mais estreito com a vida comunitária. Porém, o lado negativo desta visão é o fato de reduzir a solitude a um lugar de cura, a partir do qual podemos novamente entrar na plenitude da vida comunitária. Embora a solitude e a comunidade aqui não estejam mais separadas como se fossem rivais, ainda há uma distância. Tal distância pode ser percebida em comentários do tipo "Eu realmente preciso de um tempo para mim mesmo, para poder me recompor" ou "Todo mundo precisa de um tempo afastado da rotina agitada do dia a dia, para reencontrar seu eixo". Estes comentários ilustram bem de que modo a solitude é equiparada a um lugar de restauração, de recriação e de integração, onde podemos reunir novas forças para lidar com a vida comunitária.

Sim, é verdade que a solitude pode proporcionar a cura para o nosso *self* ferido, e realmente é possível retomarmos a vida cotidiana, pós-solitude, com maior vitalidade e energia; porém a crença de que este é o principal papel da solitude nos conduz a falsas conclusões. Ela pode nos levar a concluir, por exemplo, que a solitude é um refúgio para os fracos. "Os fortes não precisam disso, e as pessoas que dizem precisar de solitude estão em má forma, e precisam se recuperar". Isso também conduz à conclusão de que a solitude é algo secundário no que diz respeito à vida comunitária. Desse modo, a solitude torna-se um meio para atingir um fim: "Todos precisamos da solitude, pois todos, em algum momento, mostramos nossas fragilidades, mas o que realmente importa é nossa vida e nosso trabalho comunitários".

E, acima de tudo, isso nos leva à conclusão de que a necessidade de solidão é apenas temporária: "A solitude pode nos beneficiar uma vez ou outra –

em situações especiais, particularmente estressantes, quando há demasiados estímulos ou distrações. Mas, quando tudo está normal, não há mais necessidade de solitude – toda nossa energia pode ser usada em nossa vida comunitária". Na cabeça de muita gente, ter um tempo de solitude individual para orar ou brincar, e ter um tempo longe do interminável fluxo de novos estímulos é como uma ferramenta terapêutica, um simples meio de recobrar as forças para enfrentar as batalhas cotidianas. Tenho a mais profunda convicção de que esta visão sobre a solitude, assim como a visão que equipara a solitude à privacidade, poderá aos poucos paralisar a vida comunitária e acabar destruindo as forças mais vitais da comunidade. Períodos terapêuticos de solitude talvez sejam suficientes para uma vida comunitária a curto prazo; porém, para pessoas comprometidas a longo prazo com a comunidade, viver a solitude somente em períodos eventuais não é o suficiente.

A essa altura, já podemos nos perguntar sobre a relação entre solitude e comunidade. A solitude não é um espaço privado que contrasta com o espaço público da comunidade, tampouco é apenas um espaço de cura no qual podemos nos recuperar para retomar a vida em comunidade. A solitude e a comunidade pertencem uma à outra; uma precisa da outra, do mesmo modo que o centro e a circunferência de um círculo. Sem a comunidade, a solitude nos leva a um estado de solidão e desespero; mas, sem a solitude, a comunidade nos atira em um "vácuo de palavras e sentimentos" (Bonhoeffer).

Eu gostaria agora de detalhar melhor este ponto de vista, relacionando a solitude com a intimidade, a clareza e a oração. Isso poderá nos proporcionar uma melhor compreensão sobre a unidade dinâmica existente entre a solitude e a comunidade.

Solitude e intimidade

A solitude é essencial para a vida comunitária, pois é nesse estado que conseguimos ficar mais próximos uns dos outros. Sempre que dedico um tempo individual à oração, sempre que estudo, leio ou simplesmente passo um tempo afastado dos lugares onde interajo diretamente com as outras pessoas, estou na verdade participando plenamente do crescimento da comunidade. É uma falácia achar que ficamos mais próximos uns dos outros apenas quando conversamos, brincamos ou trabalhamos juntos. É claro que estas interações humanas nos proporcionam muito crescimento, mas poderemos ter uma dose semelhante (ou mesmo maior) de crescimento se entrarmos em solitude.

Isso porque levamos o outro conosco para esse estado, no qual o relacionamento pode crescer e aprofundar-se. Na solitude, podemos descobrir uns aos outros de um modo que seria difícil – ou mesmo impossível – quando estamos fisicamente presentes. Nesse estado, reconhecemos um vínculo com o outro que independe de palavras, gestos ou ações, e que é mais profundo e mais forte do que um vínculo criado apenas com nossos esforços.

Se nossa vida comunitária estiver baseada na proximidade física, em nossa capacidade de passarmos um tempo juntos, de conversarmos juntos, comermos juntos e orarmos juntos, a vida comunitária logo se transformará em algo penoso e cansativo. Somente quando todas estas atividades forem vivenciadas como a expressão de uma unidade mais profunda é que elas poderão continuar sendo livres e acessíveis. A solitude, na verdade, é essencial para a vida comunitária. Nesse estado, nos aproximamos uns dos outros, pois nele encontramos a fonte de nossa unidade.

Uma boa maneira de expressar isso é dizer que na solitude podemos ter acesso à percepção de uma unidade que antecede toda e qualquer ação unificadora. É nesse estado que chegamos à percepção de que já estávamos juntos antes de nos reunirmos, e de que a vida comunitária não é uma criação humana, e sim uma reação em conformidade com nossa condição de seres que vivem juntos. Sempre que afirmamos que a solitude pertence à essência da vida comunitária, expressamos nossa fé em um amor que transcende nossa comunicação interpessoal, e declaramos que amamos uns aos outros porque, antes de tudo, fomos amados por Deus (Jo 4,19).

Solitude significa que podemos nos render àquele amor maior, e sermos acolhidos pelo abraço daquele cujo amor dura para sempre (Sl 118). Embora isso possa parecer excessivamente "místico" ou "abstrato" demais, trata-se de um comentário bastante pragmático. Muitas pessoas que conviveram juntas durante anos, e cujo amor mútuo já foi testado mais de uma vez, sabem que a experiência decisiva em suas vidas não consiste no fato de eles serem *capazes* de ficar juntos, e sim no fato de que eles *ficaram* juntos. A solitude é o constante retorno àquele amor que nos sustenta e do qual a comunidade retira sua força.

Na vida real da comunidade, isso significa que não cabe a seus membros, de forma individual, tomar decisões sobre a solitude e sobre como lidar com ela. Quando uma comunidade efetivamente diz a seus membros: "Todos aqui devem tentar encontrar momentos de solitude para si mesmos", isso é um sinal de que a comunidade não está realmente em contato com sua própria realidade. A solitude é um elemento central da vida comunitária, a ponto de a comunidade ser responsável por incorporá-la de um modo que ela deixe de ser uma mera decisão individual e cotidiana e torne-se parte integrante do ritmo de vida da comunidade. Para os membros da comunidade, o tempo dedicado ao silêncio, ao estudo individual, à oração e à meditação individuais deve ser tão importante quanto o tempo reservado às refeições comunitárias, ao trabalho comunitário, às brincadeiras e jogos comunitários e às orações em grupo.

Tenho a profunda convicção de que a gentileza, a ternura, a quietude e a liberdade interior para podermos nos aproximar – ou mesmo nos distanciar – uns dos outros são cultivadas em meio à solitude. Sem ela, tendemos a nos apegar aos outros, tendemos a alimentar preocupações sobre aquilo que pensamos e sentimos em relação aos outros, e – em geral de modo inconsciente – a avaliar e examinar as pessoas a nosso redor com uma sensibilidade desmedida e exaustiva. Na solitude, aprendemos a depender de Deus, que nos chama a viver no amor, em quem podemos descansar, e por meio de quem podemos apreciar e confiar uns nos outros, até mesmo nas situações em que nossa capacidade de comunicar com o outro é limitada.

Sem a solitude, conflitos banais tendem a facilmente criar raízes, causando feridas dolorosas. Com isso, as conversas necessárias a fim de resolver situações tornam-se uma obrigação incômoda, e o convívio cotidiano fica carregado de inibições e constrangimentos, a ponto de nossa vida comunitária no longo prazo tornar-se virtualmente impossível. Com a solitude somos preservados dos efeitos mais perniciosos de nossas suspeitas em relação aos outros. Nossas palavras e ações podem tornar-se a alegre expressão de uma confiança já existente, em vez de um modo sutil de pedirmos ao outro que nos apresente provas de que temos um relacionamento de confiança.

Sem a solitude continuaremos a ser perturbados por perguntas que envolvem gradações como *mais* e *menos*: "Fulano me ama mais do que sicrana me ama? Eu e ele nos amamos mais hoje do que antes?" Tais perguntas nos trazem divisões, tensões, receios e irritabilidade mútua. Com a solitude nos desobrigamos de fazer estas perguntas o tempo todo; podemos viver os relacionamentos com o outro como diferentes manifestações de um amor que transcende a nós todos. Portanto, a solitude é essencial para a vida comunitária. Não é um lugar a que recorremos como possível esconderijo, ou simplesmente um lugar de cura. Em vez disso, é o lugar onde nos reunimos com maior intimidade do que por determinados gestos e palavras.

Solitude e clareza

Uma outra maneira de expressar a necessidade de solitude na comunidade é chamá-la de "o caminho que nos conduz à clareza". Na solitude, começamos a enxergar mais claramente e podemos distinguir melhor entre aquilo que pode ser compartilhado e aquilo que não deve ser verbalizado. A solitude nos ajuda a reavaliar a percepção de que precisamos compartilhar e discutir uns com os outros todos os sentimentos e ideias que atravessam nossa mente e nosso coração. Vivemos numa época marcada por uma crença quase ilimitada no valor da comunicação interpessoal. O resultado disso é que tendemos a passar horas a fio investigando e examinando nossos sentimentos e opiniões mais pessoais sobre nós mesmos e sobre os outros. Claro que, em geral, é muito saudável estabelecer um relacionamento de confiança e compassivo com os outros, porém não se deve jamais subestimar os limites de nossa plena capacidade de comunicação mútua.

Muitas pessoas que, ao compartilhar suas experiências mais íntimas, buscaram um estado de paz e tranquilidade viram-se enredadas numa sensação de solidão cada vez maior. Muitas vezes, na busca de uma catarse para seus sentimentos, acabaram se sentindo frustradas, e até mesmo ressentidas. A meu ver, isso acontece pelo fato de termos sido levados a acreditar que temos os instrumentos psíquicos necessários para criar ou reconstruir nossa vida comunitária por meio da expressão desinibida de nossas dores e alegrias. Mas nossa ilusão está justamente neste ponto.

A comunidade não é uma criação humana, mas um dom divino, que requer de nós uma reação em conformidade com ela. Esta reação exige muita paciência e humildade, uma enorme capacidade de escuta, muita conversa, a presença constante de opiniões conflitantes e boa dose de autoinvestigação, mas deve ser sempre uma reação em conformidade com uma relação de vínculo que é oferecida ao outro, sem ser forçada.

Sob essa perspectiva, a solitude adquire um significado muito especial: ela impede que usemos o outro, que abusemos dele. Possibilita-nos apresentar a Deus as nossas dificuldades humanas mais profundas, e descobrir, em silêncio, que somos aceitos de um modo que vai muito além das possibilidades de interação humana. Sempre que entramos em solitude e nos apresentamos diante de Deus com todas as nossas ansiedades e alegrias, nossas dúvidas e certezas, nossas feridas e talentos, poderemos ser tomados por uma sensação cada vez maior de aceitação, uma aceitação que nos liberta de compulsões próprias do relacionamento interpessoal. Esta sensação de aceitação faz com que, em relação aos membros da comunidade, não desejemos que eles demonstrem uma compreensão maior do que a que eles possam mostrar, que nos deem mais afeto do que nos podem oferecer, que sejam mais compreensivos, que nos proporcionem mais cuidados do que já oferecem; tal sensação nos permite acolher com imensa gratidão os inúmeros dons e talentos da comunidade. Portanto, a solitude nos permite olhar com maior clareza para o amor incondicional de Deus e para os inúmeros dons e talentos humanos por meio dos quais podemos receber este amor.

Isso tudo tem implicações concretas em nossos relacionamentos interpessoais. Muitas vezes, quando estamos sobrecarregados com tensões internas, preocupações e necessidades, e sentimos um forte impulso de compartilhá-las com a comunidade, pode ser muito importante dedicar algum tempo ao silêncio antes de fazer isso. Neste estado silencioso seremos capazes de colocar nossos temores em perspectiva e permitir que a expectativa de receber apoio dos outros seja mais realista.

Imagino que, em inúmeros casos, sessões de terapia poderiam ser muito mais produtivas e criativas se fossem antecedidas por um período de silêncio compartilhado entre as partes.

O silêncio é um elemento de solitude que pode ser introduzido em nossa vida cotidiana sem muito esforço. Quando os membros de uma comunidade começam a incorporar o silêncio a todas as atividades que praticam – comer, trabalhar, jogar, brincar e orar –, as palavras começam a ser mais bem-ouvidas e mais bem-assimiladas. O silêncio permite que uma pequena dose de nossa solitude penetre em nossas ações diárias, trazendo-nos a contínua lembrança do Senhor que nos mantém unidos. Esta solitude – à qual temos um fácil acesso – nos permite evitar um estado de confusão, de apego e de carência, mantendo nosso coração e nossa mente desobstruídos e receptivos. Ela nos ajuda a distinguir cautelosamente entre aquilo que pode ser compartilhado com a comunidade, de um modo criativo, e as coisas que serão mais bem compreendidas no silêncio de nosso próprio coração.

Solitude e oração

Uma terceira maneira de analisar o lugar ocupado pela solitude na vida comunitária é considerá-la sob a perspectiva da oração. Esta perspectiva já me foi útil como pano de fundo quando abordei os temas da intimidade e da clareza. Quero trazê-la, agora, ao primeiro plano. Quando uso a palavra *oração*, refiro-me menos ao ato de rezar do que a uma vida marcada pela oração e contemplação, na qual as ações de comer, beber, dormir e acordar, trabalhar e orar são todas realizadas em nome da honra e da glória de Deus. Na solitude, a vida é afirmada enquanto oração. Podemos repetir mil vezes para nós mesmos e uns aos outros que a comunidade não é o resultado do esforço humano, e podemos lembrar a nós mesmos e aos outros, de inúmeras formas, que Deus é a fonte de nossa vida comunitária; porém, sem a solitude, esta convicção tende a ficar restrita ao plano verbal. Na solitude nos distanciamos das ações imediatas e direcionadas à execução de um objetivo, e das inúmeras palavras pelas quais tentamos nos fazer compreendidos, e nos colocamos de mãos vazias diante de Deus.

Em solitude nos permitimos ser "inúteis" durante algum tempo, e compreendemos, não apenas por meio da cabeça, mas também com o coração, que a comunidade é um presente pelo qual devemos ser gratos. O monge ortodoxo russo Teófano, o Recluso, define a oração como "estar na presença de Deus com nossa mente dentro do coração". É no estado de solitude que o conhecimento que temos de Deus pode realmente descer da mente em direção ao coração e, assim, tornar-se o foco de nossa vida comunitária.

Não é nada fácil afirmar com todo nosso coração – e não apenas com a mente – que somos uma comunidade não porque gostamos uns dos outros ou por termos uma tarefa ou projeto que nos une, mas porque recebemos um chamado coletivo de Deus. Quem nos une é Deus, e não as nossas semelhanças psicológicas ou circunstâncias sociais. Em solitude, reafirmamos e celebramos este fato que nos traz tanta alegria. Isso porque ela nos liberta de falsas preocupações e inquietações, libertando-nos, assim, de preocupações inúteis em relação a interações humanas.

Para o psiquiatra Thomas Hora, a verdadeira comunidade é simbolizada por duas mãos que se unem, apontando para cima, num gesto de prece. Para ele, a comunidade é uma participação conjunta em um amor cujo tamanho é maior do que o que somos capazes de conter em nós mesmos, ou de expressar. Quando confiamos que a força de nossos relacionamentos interpessoais é o alicerce da comunidade, passamos a agir, na opinião de Hora, como dedos entrelaçados que travam um ao outro, impedindo sua liberdade de movimento[7]. A solitude é inseparável da comunidade, pois é nesse estado que podemos afirmar a realidade mais profunda de nossa vida comunitária, ou seja, que enquanto comunidade somos como mãos que apontam para Deus num gesto de prece. Poderíamos até dizer que a vida comunitária, em si, é acima de tudo um gesto de prece. As pessoas não criam uma comunidade quando se apegam umas às outras a fim de sobreviver às tempestades do mundo; elas a criam quando constroem juntas uma oração viva em meio à nossa angustiada família humana.

Tudo isso nos sugere que a vida em solitude é uma vida que se baseia na fé. Ao abandonarmos, a intervalos regulares, todas as ações com as quais nos autoafirmamos, e tornando-nos "inúteis" na presença de Deus, transcendemos nossas inquietações e medos internos, e confirmamos Deus como Aquele em cujo amor encontramos força e segurança.

Este ponto de vista tem algumas implicações concretas. Ele nos conduz à certeza de que a oração coletiva, embora extremamente importante para a vida comunitária, não deve ser a única forma de oração. Para a vida de uma comunidade a longo prazo, é essencial que seus membros estimulem uns aos

---

7 HORA, T. *Existential metapsychiatry*. Nova York: Seabury, 1977.

outros a passarem um tempo a sós com Deus. Quando a rotina de preces de uma comunidade tem o foco excessivamente centrado nos períodos de oração coletiva, cede-se à tentação de confiar demais no clima de solidariedade proporcionado pela prece coletiva, e de alimentar uma expectativa irrealista quanto à receptividade e ao afeto proporcionados pelas canções, pelas orações e pelo silêncio compartilhados. Há momentos em que precisamos encontrar a coragem de estar a sós com Deus, para encontrar nele a nossa verdadeira identidade. Isso talvez seja difícil e doloroso, mas trata-se de um verdadeiro serviço à vida comunitária. Afinal, uma casa é sempre mais sólida quando os pilares que a sustentam não dependem uns dos outros, mas têm, cada um deles, seu próprio alicerce.

Com isso, quero concluir estas reflexões sobre a solitude e a comunidade. Certamente não será fácil atribuir à solitude o lugar central que ela merece ter na vida comunitária. Há muitas forças nos arrastando para longe dela, particularmente a nossa onipresente sensação de urgência e de emergência. Porém, quando olhamos para a comunidade como um modo de vida e não como um recurso conveniente a que podemos recorrer em situações específicas, a solitude não tem como se ausentar por um longo período.

Sem a solitude, uma comunidade profética perde sua dimensão pastoral e sua própria luz logo se apaga. Com a solitude, a comunidade é capaz de resistir a muitas tempestades, e até mesmo viver criativamente numa época em que não houver a necessidade urgente de dirigir-se para o exterior, em ações específicas. A solitude oferece à comunidade tanto a inspiração quanto a expiração, dando a ela um ritmo saudável.

De que modo podemos integrar a solitude mais plenamente em nossa vida comunitária? Parece-me que a compreensão de seu papel essencial é um primeiro passo necessário. A ausência da verdadeira solitude geralmente resulta da incompreensão quanto à sua importância. Quando nos livrarmos da visão preconceituosa que nos leva a encarar a solitude como um escapismo ou como o afastamento da comunidade, e redescobrimos a solitude como uma contraparte necessária à comunidade, então nosso coração talvez se disponha a acompanhar nossa mente. Talvez encontremos, então, a energia necessária para enfrentar as inúmeras forças que nos mantêm presos à fragmentação e à alienação.

Portanto, educar para a solitude é uma tarefa importante para as comunidades de resistência. Isso permite à comunidade descobrir sua própria realidade e, com isso, a fortalece em sua tarefa fundamental. Quando se concede à solitude o seu devido lugar, as comunidades são capazes de resistir não apenas aos males mais escancaradamente visíveis de nossa sociedade, mas também aos males cujas raízes alcançam as profundezas de nosso ser, ameaçando a própria vida de nossa comunidade.

4

Os diferentes aspectos da comunidade

Neste artigo, publicado no jornal Catholic Worker *em 1978, Henri examina o modo pelo qual a busca e a formação de uma comunidade exige uma radical conversão de corações e mentes no caminho em direção a Cristo.*

Não resta dúvida que, em nosso mundo competitivo, uma enorme ênfase é dada aos aspectos de nossa personalidade que nos distinguem das demais pessoas. Os milhares de anúncios publicitários que nos bombardeiam diariamente tentam nos convencer quanto à excelência de seus produtos. Os repórteres da seção de esportes que falam conosco diariamente pelos jornais, rádios e TVs chamam nossa atenção para o desempenho excepcional de seus heróis, e sempre que vamos ao teatro, ao cinema ou ao circo em busca de entretenimento, nosso foco logo se volta para a *performance* excepcional dos artistas. Esta ênfase em tudo que é "excepcional" é tão onipresente que mal nos damos conta da medida em que ela influencia nossas emoções, paixões e sentimentos. Porém, quando paramos por um momento e refletimos sobre o modo como percebemos a nós mesmos e a nossos vizinhos, logo nos damos conta de que investimos uma grande dose de energia na comparação com os outros, e dirigindo o foco de nossa atenção às áreas em que somos "especiais" e "excepcionais".

É possível que ao longo de nossos seis primeiros anos de vida ainda sejamos capazes simplesmente de desfrutar da vida da maneira como ela nos é oferecida, e de reagir de modo espontâneo a tudo que nos cerca. No entanto, já no início de nossa vida escolar começamos a nos colocar a pergunta fatal: "Meu desempenho está melhor ou pior do que o dos meus colegas?" A partir desse momento começa nossa batalha pela obtenção de notas, prêmios e outras recompensas especiais pelas nossas conquistas. Nesse contexto, não é de surpreender que nosso senso de identidade e nossa autoestima comecem a depender cada vez mais dos atributos que nos diferenciam das demais pessoas. Começo a me perguntar se sou menos ou mais inteligente, mais eficiente, mais bonito ou mais habilidoso do que os outros, e meu vocabulário logo fica repleto de palavras que denotam comparação. Quanto mais permitimos que este modo de pensar predomine em nossa vida, mais facilmente nos tornamos vítimas das pessoas que nos atribuem valor na sociedade, sendo então dominados pela ilusão de que nossa essência equivale à nossa capacidade de fazer a diferença.

Não é difícil perceber que esta ênfase em sermos "excepcionais" nos impede de formar uma comunidade. Preocupados com a preservação de nossas diferenças, vivemos sob um constante temor de que alguém possa nos privar de tais diferenças e, com isso, minar nossa sensação de bem-estar. Desse modo, começamos a nos agarrar, de modo ansioso, a tudo que temos: nossas posses, que nos separam dos outros; nossas habilidades e técnicas, por meio das quais somos capazes de ter um melhor desempenho que os outros; nossos *insights*, que nos permitem impressionar as pessoas; e até mesmo nossas experiências espirituais, que nos conferem a sensação de sermos especiais. Neste caso, o aprendizado torna-se um campo de batalha no qual as pessoas tentam obter para si mesmas tudo o que lhes permite destacar-se em meio aos demais, e fazer a diferença.

Entrando na condição humana

O Evangelho faz uma crítica radical a este modo de viver e de pensar. A ótima notícia trazida pelo Evangelho é que a autoidentificação que se baseia em diferenças excepcionais nos torna pessoas competitivas e violentas que se apegam de modo compulsivo às características que nos distinguem, defendendo-as com unhas e dentes. Jesus Cristo nos revela que não encontraremos nossa verdadeira identidade às margens de nossa existência, onde podemos nos gabar de nossos atributos especiais, e sim no centro, onde podemos reconhecer nossa identidade humana básica e descobrirmos uns aos outros como irmãos e irmãs, filhos do mesmo Deus.

Não se trata aqui de uma afirmação teórica feita por Cristo, mas de uma realidade tornada visível na vida do próprio Cristo. O grande mistério da revelação é, na verdade, que Jesus Cristo não se apegou à sua própria condição de igualdade com Deus, mas esvaziou-se de si mesmo, tornando-se igual a nós. Ele revelou a si mesmo não por ser diferente de nós, mas unindo-se a nós, compartilhando de nossas alegrias e tristezas, e passando pela experiência de uma morte humana. Para nós, compreender isso plenamente é muito difícil, mas temos que seguir tentando nos aproximar deste profundo mistério do amor de Deus. Não foi poupando-nos de dores e de frustrações, ou eliminando nossas dificuldades que Deus mostrou seu amor por nós, e sim tornando-se parte de nossa condição humana, vivendo como nós vivemos.

Eis aqui o ponto essencial: ao aceitar a condição humana, Deus não se tornou menos Deus, em hipótese nenhuma; pelo contrário, isso nos revelou o que significa Ele ser um Deus para nós. Ele nos revelou que é próprio da essência de sua natureza que Ele não se mantenha distante de nós, mas que participe conosco das lutas e conflitos humanos. Com base nesta compreensão de Deus como um Deus que está conosco, o Apóstolo Paulo pôde dizer aos filipenses: "Não deve haver competição entre vocês, nenhuma arrogância; todos devem ser discretos, sem a intenção de chamar a atenção. Considere sempre que seu próximo é melhor do que você, de modo que ninguém coloque seus próprios interesses em primeiro lugar, mas que todos possam pensar nos interesses alheios. Tenham uma atitude semelhante à de Jesus Cristo" (Fl 2,3-5).

Portanto, uma vida cristã exige uma conversão radical. Faz com que, em ver de tentarmos buscar nossa identidade nos aspectos em que somos diferentes ou excepcionais, que a busquemos naquilo que nos une. Esta prática não é nada fácil, pois nos exige o abandono de muitas das ilusões que acalentamos, e que encaremos nossa verdadeira condição humana. Parece-me realista dizer que temos medos tão enraizados, e dominados por tantas dúvidas e inseguranças que o ato de encarar nossa fragmentada condição humana está além de nossas forças. Porém, também é realista dizer que o amor de Deus tornado visível em Jesus Cristo pode nos abrir o caminho rumo a uma nova identidade que não tenha como base nossas diferenças, mas o pleno reconhecimento de nossa semelhança como humanos.

É a experiência do amor incondicional de Deus que nos permite reconhecer a fragmentação humana que temos em comum, e nossa necessidade de cura. Quando estamos dominados pelo medo, não conseguimos manter a discrição e a sobriedade, tampouco considerar que uma outra pessoa seja melhor do que nós. Isso seria um suicídio mental. Porém, uma vez que somos libertados pelo amor ilimitado de Deus, podemos abandonar nossas ilusões e viver nossa semelhança humana com grande liberdade.

Um dos aspectos mais notáveis das vidas dos santos é que, quanto mais perto eles estiveram de uma plena compreensão de Deus, mais próximos chegaram à condição de ser humano. Quanto mais viveram a experiência do amor de Deus em suas vidas, mais conscientes estiveram de sua condição de pecadores e de fragmentação, sendo capazes de reconhecer que não eram diferentes das demais pessoas. Isso nada tem a ver com masoquismo, com autoflagelação ou com falsa humildade; trata-se de admitir que, ao reconhecer plenamente a fragmentada condição humana, nossa verdadeira identidade encontra seu ponto de ancoragem.

Comunidade

Isso tudo deixa claro que uma vida em sintonia com os princípios do Evangelho e segundo os princípios de Cristo nos conduz à comunidade. Enquanto uma vida baseada em nossas diferenças faz com que pareçamos estranhos uns aos outros, uma vida baseada em nossa fragmentada condição e nossa necessidade de cura nos aproxima e, com isso, estimula a formação da comunidade. A comunidade começa a ficar visível tão logo percebemos a nós mesmos como companheiros de viagem que trilham o mesmo caminho.

Parece-me importante enfatizar aqui que a comunidade não é algo que criamos depois de ter abandonado nossas atitudes defensivas e nossa competitividade. Na verdade, ela torna-se realidade quando nos relacionamos de acordo com nossa verdadeira identidade.

Em segundo lugar, é importante não termos ideias preconcebidas sobre o conceito de comunidade. De imediato, tende-se a imaginá-la como um grupo de pessoas vivendo juntas numa casa, ou estruturando alguma forma de vida coletiva. Porém, uma sala de aula pode ser uma comunidade. Pessoas que se juntam para orar podem constituir uma comunidade. Pessoas que trocam correspondência entre si podem estar em comunidade. Professores, assistentes sociais e profissionais das mais diversas áreas podem formar uma comunidade. Tudo dependerá da maneira que nos aproximamos uns dos outros. Os seres humanos são criados uns para os outros, e estamos vivos para doar e compartilhar. À medida que esta verdade torna-se o fundamento para a ação, e que os medos paralisantes e as divisões que nos isolam começam a se dissolver, a comunidade torna-se novamente visível, revelando-se como natural e evidente.

É na comunidade que as pessoas começam a descobrir a singularidade de cada um. Este é o lugar onde dons e talentos podem ser descobertos e tornar-se produtivos. Nela chegamos ao grande paradoxo da semelhança e da singularidade humanas. Se estivermos dispostos a renunciar às diferenças que nos distinguem dos outros e nos aproximamos do outro em um estado de mútua vulnerabilidade, cientes de nossas semelhanças humanas essenciais, poderemos criar um espaço no qual os talentos individuais podem se manifestar, não como atributos que causam a divisão, mas como dons e talentos que nos unem.

No terreno comum de fragmentação que compartilhamos, nossos dons e talentos podem revelar-se como presentes que damos uns aos outros. O aspecto mais notável da comunidade cristã é que ela não estimula a uniformidade nem reprime talentos individuais; pelo contrário, ela cria o ambiente no qual, por meio de uma grande estima e consideração pelo outro, talentos ocultos são trazidos à tona e disponibilizados em prol da construção da vida comunitária. É justamente quando percebermos que nosso senso de identidade não depende de nossas diferenças, e que nossa autoestima se baseia em um amor muito mais profundo do que os elogios que recebemos por nosso desempenho excepcional, que poderemos encarar nossos talentos individuais como presentes que damos aos outros. Perceberemos então que compartilhar nossos dons e talentos não diminui nosso valor enquanto pessoas; ao contrário, só faz expandi-los.

Em comunidade, os talentos únicos de cada membro transformam-se em pequenas pedras que formam um grande mosaico. O fato de um pequeno pedaço de ouro fazer parte de um belo mural dá a ele uma importância ainda maior, pois ele é agora parte essencial de um grande quadro. Uma vez que temos clareza disso, nossa atitude predominante em relação aos talentos alheios se transforma em gratidão. Perceberemos, com clareza cada vez maior, a beleza uns nos outros e passaremos a invocar sua presença para que ela se torne parte de nossa vida como um todo. Dotados de uma confiança cada vez maior, alimentamos a esperança de que o amor de Deus se torne visível de novas maneiras entre as pessoas que tiverem a coragem de se encontrar em sua mesma condição humana. Desse modo, tanto as semelhanças quanto a singularidade poderão ser reafirmadas pelos membros da comunidade.

Temos que reconhecer a crença ilusória de que somos a diferença que fazemos no mundo, e nos juntarmos com base em nossa semelhança. Na verdade, é preciso que tenhamos o desejo de viver esta semelhança em sua plenitude. Temos que alcançar a mais profunda essência de nossa experiência como seres humanos, temos que viver a experiência de nossa fragmentação, bem como a necessidade de obter a graça de Deus, que nos cura. Porém, acima de tudo, temos de perceber que é no centro desta semelhança que descobriremos os dons que precisamos compartilhar, e os talentos que podemos oferecer uns aos outros.

5

Um chamado que vem da escuridão

Nesta palestra proferida em um culto celebrado na cidade de Nova York, na segunda Sessão Especial sobre o Desarmamento da ONU em 1982, Henri discorre sobre a importância da oração, da resistência e da comunidade no processo de restauração da paz.

"Eu lhes disse essas coisas para que em mim vocês tenham paz. Neste mundo vocês passarão por aflições; porém, tenham ânimo, pois eu venci o mundo" (Jo 16,33).

Irmãos e irmãs, eu gostaria muito de compartilhar com vocês algumas reflexões sobre a espiritualidade do processo de restauração da paz. Peço que vocês considerem as três palavras a seguir. A primeira delas é oração. A segunda, resistência. A terceira, comunidade. Considerem estas palavras à luz das palavras de Jesus segundo o Evangelho de João: "Para que em mim vocês tenham paz". Isso está relacionado à oração. "Neste mundo vocês passarão por aflições" – a motivação para a resistência. "Porém, tenham ânimo, pois eu venci o mundo". E é isso que queremos celebrar e reiterar em nossa vida juntos, em comunidade. A oração, a resistência e a comunidade podem nos servir de suporte em nosso movimento em busca da paz.

Oração

Em primeiro lugar, farei alguns comentários sobre a oração. Não sei se isso já aconteceu com vocês, mas pouco tempo atrás cheguei à profunda compreensão de que muitas de minhas ações eram produto de minhas necessidades, e estas necessidades muitas vezes estavam ligadas a feridas muito profundas, escondidas em cantos muito remotos de minha própria trajetória. Eu carecia de afeto. Carecia de atenção. Carecia de popularidade. Carecia de poder. E, em algum lugar, estas necessidades estavam profundamente enraizadas em minha vida, como resultado de episódios em que devo ter sido rejeitado, soubesse eu ou não quem havia provocado tal rejeição.

Porém, em um determinado momento, comecei a me dar conta que muitas vezes eu vinha alimentando um grande anseio por atenção, afeto, popularidade e sucesso, e vivia envolvido com inúmeras atividades, mas estas brotavam deste meu anseio. Quando descobri que havia muitas outras pessoas com esta mesma necessidade e que, ao interagir comigo, demonstravam tal necessidade, as necessidades de um começaram a se misturar às de outros, de modo que lentamente comecei a perceber em que medida muitos de meus relacionamentos e ações cotidianas eram interdependentes, consumindo minha energia de uma maneira "pegajosa"; e a isso tudo eu dava o nome de... "ministério". Sendo muito sincero, ao perceber isso levei um choque.

Embora achasse que muitas de minhas atividades estavam sendo feitas em nome do Reino de Deus, eu estava profundamente envolvido em um território do próprio satã, que estava simplesmente me envolvendo em jogos. "Faça isso! Faça aquilo! Caso contrário, você não será amado pelos outros". Comecei então a perceber que sempre que ajo motivado por necessidades e por estas feridas, muitas vezes sem querer agir, eu me vejo envolvido em sentimentos fabricados pelo demônio: ressentimento, raiva, violência e ganância. Ao me dar conta desta dinâmica não apenas em mim mesmo, mas a meu redor, comecei a perceber a conexão entre os inúmeros conflitos, as guerras e estas necessidades humanas não satisfeitas tão enraizadas em nossa psique, tão enraizadas em nossa história, de uma geração para outra. Em certa medida, vivemos num mundo de carências.

A oração consiste em um lento processo em que deixamos este lugar sombrio de carências, para seguir na direção da luz de Cristo. Em direção à luz que nos permite agir de um modo que não seja motivado por estas necessidades, medos e dores, mas por uma nova liberdade. A oração significa parar de respirar este ar pegajoso e poluído, e começar a respirar com o fôlego de Deus, com o ar de Deus, o fôlego por meio do qual nós fomos criados, e por meio do qual somos capazes de exclamar "*Abba*, Pai!" A oração nos conduz àquele lugar dentro de nós onde podemos ter contato com um espírito renovador, agindo de um modo que seja motivado pela nova vida que nos penetrou. E os frutos deste contato são bastante palpáveis: alegria, paz, liberdade, gentileza, ternura, afeto e relacionamentos humanos verdadeiramente criativos.

Irmãos e irmãs, estou dizendo estas coisas porque sinto que é importante compreendermos a oração em um sentido específico: penetrar aquela morada interna onde habita o espírito de Deus; na verdade, a oração está no início de qualquer processo de restauração da paz. Portanto, o sentido primordial deste processo talvez não esteja na realização de muitas tarefas, e na decisão de envolver-se profundamente; talvez ele esteja na atitude de resistir a todas estas forças que nos dominam, e chegar àquele lugar silencioso onde percebemos que nós não somos a atenção que recebemos, que não somos o poder que possuímos ou a popularidade que obtemos – somos, na verdade, uma manifestação do amor de Deus. Significa perceber que, muito antes de podermos amar ou pensar em qualquer coisa, já somos amados por Ele. E orar significa entrar em contato com este primeiro amor, e realmente viver esta experiência.

A oração como um ato de resistência

A oração é realmente um ato de resistência – resistência a este redemoinho de carências, um movimento assustador, que suga nossas energias. Temos sobretudo que acreditar na existência, dentro de nós, de um poder de amor que é mais forte e profundo do que jamais poderíamos imaginar. Portanto, é justamente nesta época em que há tanta coisa acontecendo, em que há tanto desassossego, tanta raiva e confusão, que é de extrema importância você ter a *coragem* de resistir a este turbilhão e sentar-se, esperar, ouvir e ficar em silêncio. Ouça a Palavra de Deus dentro de você, reflita sobre os salmos e sobre os textos escritos pelos profetas e evangelistas. Permita que, lentamente, estas palavras desçam de sua mente para seu coração, de modo que você possa viver a experiência do poder desta paz dentro de você; e que, quando você sair para agir no mundo, tais ações não sejam motivadas por uma grande necessidade, mas porque você sente uma abundância de amor que deseja compartilhar.

Compreenda que a oração é um ato de resistência. Um ato que conduz à liberdade. Portanto, a segunda palavra que enfatizo aqui é "resistência". Não tenho – e creio que vocês tampouco têm – a menor dúvida de que a resistência de fato é essencial em todos os caminhos de restauração da paz. A resistência significa dizer "Não! Não! Não!" a todas as forças destrutivas. Este é o significado de resistência: dizer não à morte. E esta é uma tarefa dificílima, pois não implica simplesmente em dizer não às armas nucleares, que podem levar todos nós a um suicídio coletivo; também significa dizer não à morte que permeia grande parte de nossa vida, o tempo todo. Em filmes, romances e livros, por todos os lados nos cerca algo cada vez mais assustador: uma espécie de fascínio pela morte e pela escuridão. Resistir a isso é uma tarefa gigantesca, cristã e humana. Existem influências sutis às quais devemos resistir. Você diz "Eu não gosto de fulano e nunca vou conseguir gostar dele. Sei bem que tipo de pessoa ele é". Então, de repente as coisas permanecem cristalizadas em um relacionamento que não está buscando a vida, mas a morte. "Nunca mais vou conseguir acreditar que algo realmente possa mudar neste mundo." "Já vi de tudo nesta vida. Não quero ouvir mais nada, todo este sentimentalismo em relação a um futuro melhor, e essa história toda. Não quero mais saber de ouvir estas coisas."

Você consegue sentir a frieza deste ressentimento todo. Há algo que estancou aí dentro, e que não está mais indo a lugar algum. Isso é a morte. Algo semelhante às inúmeras horas que passamos sentados ao redor de uma mesa, simplesmente reclamando de alguém. Podemos passar horas a fio de nossa vida brincando com a morte em nossos corações, pois sentimos uma espécie de excitação quando falamos de coisas que nos estimulam, dando-nos a sensação de que temos controle sobre as coisas, dotados de certo modo de controlar nossa existência quando somos capazes de decidir o que é bom e o que é ruim. Este é um trabalho em benefício da morte, não em benefício da paz. Trata-se do trabalho do demônio em nossos corações, em nossa sociedade e em nossas comunidades.

Em meio a nosso desejo de clareza, preferimos a segurança da extrema infelicidade à insegurança da felicidade. O que faremos quando não tivermos mais motivos para reclamar, quando os filmes terríveis não mais existirem e não pudermos mais sentar diante da TV, apavorados diante dos perigos nela exibidos diariamente, e quando não mais houver ninguém contra nós? O que acontecerá quando não tivermos mais inimigos contra quem lutar, quando não encontrarmos mais ninguém que possa ser o alvo de nossas fofocas? O que faremos?

De repente, começaremos a perceber que, nesta situação, podemos detectar os primeiros sinais de mudança. Porém, não queremos que tudo mude. Queremos saber o que está acontecendo. Queremos ter controle sobre tudo. Queremos ser capazes de dizer que "assim é assim", "assado é assado", e vamos manter as coisas do jeito que são. A verdadeira crença de que temos de nos comprometer com a vida significa que você e eu temos que nos comprometer com a mudança contínua. A vida está em constante movimento, sempre mudando. A mudança confunde as nossas expectativas. Se você quiser uma vida em que estabilidade é total, você a manterá estagnada, morta. Portanto, temos de dizer "não" às forças destrutivas sempre que nos depararmos com elas, e nos lugares mais inesperados.

Você não será capaz de restaurar a paz se não conseguir dizer "não" às pequenas coisas e também às grandes. Isso não é restaurar a paz. A resistência não significa simplesmente dizer "não". Na verdade, tem mais a ver com dizer "sim!"

Resistência, no sentido mais profundo da palavra, significa declarar constantemente que Deus é um Deus dos vivos, que Deus é um Deus da vida. Antes de mais nada, estamos sendo chamados a dizer "sim" para a vida e para o Deus da vida. Pois eu lhe digo: se você continuar insistindo em dizer "não", poderá ser contaminado pelas forças às quais você diz este "não". A veemência com que defendemos algumas causas acaba nos tornando raivosos e hostis promotores da paz. Poderemos nos tornar tão violentos quanto o que estamos combatendo, promovendo a paz de um modo ressentido, amargurado e violento. Há milhares de pessoas desse tipo por aí. É muito importante perceber que todos aqueles que atacam o mal diretamente tendem a ser contaminados por este mal. Digo isso com base em minha própria experiência, e você também deve saber disso. Ao envolver-se com forças que está combatendo, você logo se torna tão sombrio quanto estas mesmas forças. Por isso, penso que dizer "não" tem sempre que estar em segundo plano em relação a dizer "sim", pois este "sim" é o que realmente nos liberta.

O Deus dos vivos

A essência da mensagem cristã é que Deus é um Deus dos vivos. É para eles que estamos levando a boa-nova. Estamos anunciando Jesus como o Senhor da vida, ressuscitado. Este não é um conceito teórico. Precisa tornar-se bastante concreto, muito real para nós. Precisamos ter a coragem de reafirmar a vida onde quer que a enxerguemos. Celebrar a vida, exaltá-la.

Exalte a vida quando uma criança nascer. Este é um dos maiores mistérios que existem neste mundo sombrio, que se dirige rumo à morte: a cada momento uma criança está nascendo. Temos que celebrar este fato e perceber que se trata de um grande evento, não apenas um acontecimento rotineiro do cotidiano. Dois amigos se reconciliam: você precisa ter a coragem de enxergar a grandiosidade deste acontecimento e celebrá-lo com alegria e gratidão. Podemos celebrar isso pela beleza da natureza, ou quando ficamos extasiados com algum tipo de arte que promove a vida. Você precisa celebrar isso, ciente de que este é um sinal do Senhor ressuscitado. Esteja onde estiver, você precisa ter uma visão afiada, capaz de reconhecer a vida, a vida que se manifesta em meio às forças sombrias do mal, da destruição, da escuridão e da morte.

Siga procurando esta vida. A pessoa que é testemunha do Cristo vivo é aquela que demonstra a coragem de seguir a vida de qualquer maneira que esta se manifeste. Este testemunho sempre ocorre em meio à fraqueza. É sempre algo pequeno. Assemelha-se sempre a uma pequena flor que desabrocha em meio às frestas do piso de concreto. É sempre algo muito precioso, muito delicado, muito leve. Vocês precisam olhar para isso e dizer uns aos outros: "Ah, venha até aqui... Ah, você não conseguiu ver? Olhe com atenção. É lindo. Venha comigo, conheço uma pessoa que tem um profundo amor por uma outra. Quero que você os conheça. Quero que você se torne amigo desta pessoa que está repleta de vida, a tal ponto que só de estar com ela você terá uma nova percepção de tudo o que existe. Venha. Venha ver!"

Desse modo, a resistência deixará de ser uma tarefa pesada e sombria. Poderá se transformar em um princípio de movimento inspirador. De alguma maneira, este movimento fará com que o "não" comece a fluir com facilidade. Insisto: a resistência em dizer "sim" e em dizer "não" realmente é uma espécie de oração. Espero que vocês consigam perceber esta associação. A resistência significa oração, assim como a oração significa resistência. A resistência é uma oração pelo fato de ser uma declaração e uma confissão do Deus vivo. E por que isso ocorre? Em primeiro lugar, porque Deus é um Deus vivo. Ponto-final. Não ocorre pelo fato de ela ser útil, nem porque você obtém muitas conquistas, ou porque ela simplesmente funciona. O início do processo de resistência não está aqui. Você resiste em dizer "sim" e em dizer "não" simplesmente porque é um ser humano que deseja declarar quem você é na presença de Deus.

Certa vez, um garotinho perguntou ao profeta: "Ei, profeta, por que você vive sempre pregando contra os males do mundo? Você tem feito isso há tanto tempo e nenhuma transformação acontece. Por que você continua fazendo isso?" O profeta respondeu: "Meu garoto, não estou fazendo isso para mudar o mundo. Faço isso para impedir que o mundo me mude". Esta é a ideia essencial da resistência. Você não protesta simplesmente porque isso funciona, porque isso lhe traz fama, porque isso lhe permite aparecer na televisão, ou porque isso lhe dá publicidade. A base da resistência não é esta. Você resiste porque isso faz parte de quem você é e de quem Deus é. Esta é a mais autêntica expressão de sua humanidade. Você é vida, e deseja se comunicar com esta vida onde quer que esteja. Você resiste como um ato de autenticidade em relação à sua própria humanidade, uma vez que foi criado à imagem e semelhança de Deus.

Nesse sentido, a vida é oração pelo fato de ser inútil; ela não compensa. Ela significa liturgia, adoração. Trata-se de um trabalho do povo de Deus: *liturgia*. É muito importante percebermos que, não importando a forma de resistência em que estamos envolvidos, seja em uma manifestação pública, uma greve ou um ato de desobediência civil, tudo isso pode ser uma forma de liturgia, de louvor a Deus, de testemunho do Senhor vivo. Se você encarar a resistência como uma oração, como um ato de liturgia nas ruas, por assim dizer, ou como um ato litúrgico que se encontra entre diferentes mundos, então deixará de se preocupar com os efeitos desta resistência. Poderá confiar que ela renderá frutos, à sua própria maneira e em seu próprio tempo.

Comunidade

Por fim, quero dizer algumas coisas sobre a comunidade. A comunidade é um lugar de oração e de resistência. A oração e a resistência não são apenas atos heroicos individuais: "*Eu* estou fazendo isso, *eu* estou fazendo aquilo". A comunidade é o lugar onde a oração e a resistência se encontram.

A comunidade cristã é o lugar onde a restauração da paz se torna visível, onde a própria paz torna-se presente. Não é um simples meio pelo qual podemos ter um melhor desempenho em determinadas tarefas. A comunidade é a realidade na qual começamos a perceber com maior clareza quais são as prioridades em nossa busca. Trata-se de uma nova maneira de estamos juntos e de vivermos juntos, na qual a paz torna-se visível como uma luz que brilha na escuridão.

Seja qual for a forma que ela adquire – uma família, um grupo de trabalho, paróquias locais etc. –, a comunidade é o lugar onde a confissão e o perdão são sempre acolhidos. Nela, estamos sempre dizendo ao outro: "Tenho meus pontos fracos; cometi o mesmo erro. Naquele momento, tudo na minha vida estava meio sombrio. Aquelas velhas feridas me fizeram ter aquela atitude, de novo. Fiquei furioso porque o que aconteceu me fez lembrar de uma cena do passado". Com isso, temos a coragem de dizer ao outro membro da comunidade: "Perdoe-me. Podemos seguir adiante, para eu tentar mudar este hábito?"

A diferença entre uma comunidade cristã e pessoas espalhadas livremente pelo mundo não está no fato de os membros da comunidade cristã serem pecadores e os outros, não. Na verdade, os membros da comunidade cristã estão sendo chamados a admitir entre si suas fraquezas e sua vulnerabilidade, e seguir tentando superá-las por meio do perdão. Eles são testemunhas do eterno amor e do perdão de Deus, que nos trouxe a paz. Sem a vulnerabilidade, a confissão e o perdão, colocamo-nos cada vez mais na defensiva, distanciando-nos uns dos outros. Neste estado de raiva e ressentimento encontram-se as sementes da destruição, da guerra e da aniquilação.

A comunidade é o lugar onde podemos continuar sendo vulneráveis em relação aos outros. Nesta vulnerabilidade que nos é comum fazemos com que o amor seja visível neste mundo. "Veja como eles conseguem amar uns aos outros." "Veja como conseguem trabalhar juntos." "A paz é possível: eu *vi* isso acontecer naquele grupo."

A comunidade também é o lugar a partir do qual nascerá a resistência no mundo. Isso porque se é na comunidade que nasce a resistência, esta não será fruto de frustrações ou de raiva. A comunidade nos oferece o lugar onde, por meio da oração e de um cuidadoso diagnóstico de nossos problemas cotidianos, somos chamados a fazer valer nossas opiniões e a agirmos juntos. Nossas ações não serão motivadas por eu ter uma grande necessidade de me livrar de alguma frustração, e sim porque minha comunidade, o povo de Deus, me enviou como seu representante, para agir em nome do Senhor. Haverá pessoas que preferem ficar em casa rezando, ou simplesmente ocupados com suas tarefas domésticas. Outros vão preferir participar de manifestações ou atos de desobediência civil. Outros, ainda, serão presos. Porém, todos eles, sejam ou não membros desta comunidade, fazem parte do processo de restauração da paz, pois fazem parte da comunidade na qual o Senhor está presente, a partir da qual eles se lançam ao mundo.

Quero concluir chamando a atenção a um último aspecto, a meu ver o mais importante de todos. A comunidade deve ser uma comunidade eucarística. Em outras palavras, uma comunidade que celebra o agradecimento. Este é um elemento essencial da postura cristã: sempre mostrar gratidão em tudo que fazemos, dizemos ou pensamos. A gratidão deve ser o sentimento fundamental. A celebração eucarística é a parte central dela, quando elevamos o pão e o vinho produzidos por mãos humanas ao Senhor, e Ele nos devolve estas oferendas com sua plena aceitação divina, de modo que possamos ser nutridos e fortalecidos por estas oferendas. Quando esta misteriosa troca ocorre, estamos totalmente envolvidos pela gratidão.

Porém, esta gratidão deve ser levada para o mundo em cada momento de nossas vidas, de modo que possamos sempre dizer: "obrigado, obrigado" com o coração agradecido, cientes de que estamos recebendo as oferendas de Deus, e do desejo de Deus que tenhamos paz. A vida não é uma propriedade que precisemos conquistar, tomar posse, defender, à qual tenhamos que nos agarrar a todo custo. Este caminho nos conduz a guerras, conflitos e, por fim, a um holocausto. A vida é um presente que nos é dado livremente, um abundante presente de Deus.

E o que devemos fazer com este presente? Compartilhá-lo com os outros, livremente. Você diz: "Não posso, o que tenho é muito pouco, tenho somente cinco pãezinhos e alguns peixes". Compartilhe isso! Eles serão multiplicados diante de seus olhos. Compartilhe. Não se apegue ao que você possui. Se você se mantiver apegado às suas posses, elas continuarão pequenas, ou ficarão cada vez menores. Porém, se você compartilhar, acreditando que se trata de um presente de Deus, de bênçãos enviadas por Ele, estes poucos pãezinhos e peixes serão multiplicados.

Desapegue-se de seu conhecimento, de seu afeto, de seus amigos, da ideia de que tudo isso é uma propriedade exclusivamente sua. Compartilhe isso tudo e verá que existe o suficiente para todos. Há comida suficiente, amor suficiente, conhecimento suficiente, afeto suficiente. Compartilhe todas essas coisas e elas retornarão a você, multiplicadas. Esta é a vida eucarística. Esta é a vida de que Jesus fala.

Oração, resistência e comunidade. Lembremos destas três palavras sempre que lermos as seguintes palavras de Jesus: "Eu lhes disse essas coisas para que em mim vocês tenham paz." Teremos paz *nele*, que habita o centro de nossas vidas. "Neste mundo vocês passarão por aflições." Porém, neste mundo dizemos "não" à morte, e "sim" à vida; desse modo, podemos lidar com estas aflições a partir de um sentimento de paz. "Porém, tenham ânimo, pois eu venci o mundo." Nele, tudo já foi conquistado, e nós, não importando onde ou com quem estivermos, sejam quais forem nossas ações, estaremos anunciando com gratidão o presente de Deus que já nos foi dado. Amém.

6

O mundo fragmentado, o self *fragmentado e a comunidade*

Nesta palestra apresentada na Organização da Juventude Católica no Convocation Hall em Toronto, Canadá, em abril de 1987, Henri descreve o que aprendeu a respeito da fragmentação humana, da solidão e da comunidade, desde que atendeu ao chamado para tornar-se membro da L'Arche Daybreak, em agosto de 1986.

Vivemos em um mundo fragmentado. Você já se deparou com corpos dilacerados, seja em razão da fome, de doenças, de violência física ou psicológica. E também com rostos dilacerados, pela culpa, vergonha ou depressão. E já ouviu as vozes de um mundo repleto de aflições. Em meio a tudo isso que todos nós já vimos e ouvimos, surge a seguinte prece: "Desça até nós, suave carruagem.[8] Desça até nós, suave misericórdia. Desça até nós, com suave compaixão. Desça até nós, amado Jesus". Tenho refletido sobre isso tudo, perguntando-me qual seria o seu significado. O que começo a observar é que Cristo está sendo crucificado novamente.

Em nosso mundo de hoje, Jesus está realmente crucificado no planeta azul criado por Deus. Todo o sofrimento da humanidade nos mostra que Jesus está crucificado em nosso mundo, clamando: "Meu Deus, meu Deus, por que você me abandonou?" A meu ver, pelo menos, a pergunta que se coloca não é "Ó Deus, por que você permite que haja tanto sofrimento?" Para mim, a pergunta se transformou em "Por que você desceu tão baixo para tornar-se uno conosco, para se misturar a este nosso mundo? Por que, meu amado Jesus, você desceu tão baixo para sofrer tudo isso conosco?" E há uma resposta para isso. A resposta que eu ouço, cada vez mais, é: "Querido irmão, querida irmã, eu desço tão baixo

---

8 Referência a *Swing low, sweet Chariot*, tradicional canção negrospiritual afro-americana, que se transformou em um dos mais famosos hinos cristãos. Embora haja versões conflitantes sobre sua origem, uma delas afirma que a canção é uma alusão à rede de rotas e esconderijos secretos para fuga de escravos, apelidada de "Underground Railroad" (ferrovia subterrânea), pela qual estima-se que, entre 1850 e 1860, tenham fugido mais de 100 mil escravizados rumo aos estados do norte dos Estados Unidos e ao Canadá [N.T.].

porque quero tirá-los da morada do medo e colocá-los na morada do amor. Não tenham medo. Quero que vocês amem

Vocês já notaram como somos medrosos? Temos medo daquilo que se passa dentro de nós mesmos: das tensões, da impulsividade, da angústia, da solidão. Temos medo das pessoas estranhas ao nosso redor. Elas nos amedrontam.

Quero que vocês saibam, antes de mais nada, que grande parte da angústia que enxergamos em nosso mundo fragmentado se deve a nosso medo interior. Mas que medo é este? Trata-se do medo da morte. Temos *muito* medo de morrer. Muitas coisas – doenças, guerras, torturas e a pobreza que nos cerca – nos remetem à ideia de morte, causando-nos medo e, com isso, nos retraímos. E, quanto mais medo temos, mais prejudicamos a nós mesmos.

Vocês sabem muito bem que um dos temas a que se dá maior atenção no mundo de hoje é o medo. Porém, Jesus diz algo que vai na contramão disso: "Não tenham medo". Esta frase é recorrente em todos os evangelhos. É o que o anjo diz a Zacarias, e também o que ele diz a Maria. Jesus diz esta frase às mulheres que choram por seus mortos e a seus discípulos durante a travessia no Mar da Galileia: "Não tenham medo. Sou eu. Não tenham medo". Em todos os evangelhos, ouvimos esta voz:

"Irmãos, irmãos, não tenham medo, sou eu". Você não precisa viver na morada do medo.

Quero lhes perguntar: Vocês conseguem ouvir esta voz que diz "Não tenham medo"?

Como podemos abandonar esta morada do medo? Há uma resposta para isso? A meu ver, uma resposta aparece no Evangelho de João, no qual ele escreve sobre o amor. Ele diz: "Amemos uns aos outros, pois, antes de mais nada, Deus nos amou". João não diz "Amemos uns aos outros para podermos resolver os problemas uns dos outros, para estarmos bem com as demais pessoas". Não, João diz: "Amemos uns aos outros, pois, antes de mais nada, fomos amados por Deus". O que nos permite abandonar o medo é justamente este amor primordial: "Vocês são amados. Vocês são aceitos, e muito antes de serem capazes de receber ou de dar amor. Está é a boa-nova do Evangelho. Vocês são plenamente, integralmente amados.

Você não é aquilo que os outros lhe dizem que é. Você não é o que os outros pensam a seu respeito, tampouco o que lhe fazem. Você nada tem a ver com a opinião, o afeto ou a rejeição das outras pessoas. Nada disso é você. Nenhum de nós é nada disso. Você é um ser criado por Deus. Você é o fruto do amor de Deus, daquele amor primitivo.

Solitude

E como podemos fazer parte do amor primordial de Deus? Minha resposta é simples, e lhes peço que prestem atenção nela: o lugar no qual você poderá ouvir a voz deste amor primordial é a solitude. É na solitude que você consegue ouvir uma voz que diz: "Não tenham medo. Eu amo vocês". Esta voz diz: "Eu amo você há muito tempo, muito antes de alguém tê-lo amado". E você precisa ter a coragem de penetrar esta solitude, de modo que este estado não se transforme em solidão. Na solitude você poderá entrar na presença de Deus, e lhe permitir falar ao centro de seu coração, dizendo-lhe aquilo que você tanto deseja ouvir: "Você é amado. Você é plenamente amado".

Enquanto estiver vagando mundo afora, à procura de afeto, você não conseguirá ouvir esta voz. Continuará surdo. A palavra latina para surdo é *surdus*. Se a sua surdez for muito grande, enorme, você se transforma em um *absurdus*. Uma vida absurda é justamente uma vida em que você não é mais capaz de ouvir a voz que diz "Eu amo você". Assim, seguimos vagando pelo mundo perguntando aos outros: "Você me ama? Tenho tanto medo de não ser amado por você".

Porém, quando tem a coragem de penetrar a solidão, você é capaz de ouvir. A palavra latina para ouvir é *audire*, e a palavra para "ouvir com grande atenção" é *ob-audire*. O sentido de solitude é uma vida de obediência, ouvindo à voz do amor. Portanto, silenciemos. Não é mais necessário que você seja solitário. Transforme sua solidão em solitude. A partir deste lugar de solitude em seu coração, aos poucos você será capaz de ampliar a sua visão de esperança. Pois é na solitude que você conseguirá ouvir a voz amorosa que lhe trará esperança.

Comunidade

Não é muito fácil permanecer em solitude. Nesse estado, ouvimos inúmeras vozes, além da voz do amor. Você ouve vozes que lhe dizem "Faça isso" ou lhe pedem que vá a determinado lugar. "Você esqueceu isso", "Você esqueceu aquilo". Às vezes, quando estamos em solitude, nos sentimos dominados por estas vozes.

Porém, se tivermos a coragem de persistir em nossa solitude, cada vez mais conseguiremos ouvir a voz do amor por detrás de nossa inquietação. Ao ouvirmos a voz que nos diz "Eu amo você", descobriremos que se trata da mesma voz, dizendo as mesmas coisas para todas as pessoas.

No estado de solitude, descobrimos um amplo espaço, onde há lugar para todos. A solitude torna-se o lugar a partir do qual podemos sair em busca de nossos irmãos e irmãs, e acolhê-los. Porém, a motivação para este movimento não será a solidão, mas a solitude.

Podemos começar a formar uma comunidade, pois neste lugar a solitude acolhe a solitude. A minha solitude, com a qual descobri o quanto sou amado, acolhe a tua solitude, com a qual você descobriu o quanto é amado. Quando nos juntamos por meio deste acolhimento, formamos um novo lar, uma nova casa. Deixamos de habitar a morada do medo, passando a habitar a morada do amor. Nesta morada, existe espaço para receber os outros. Existe espaço para que o estrangeiro entre e se sinta bem-vindo. Existe espaço para que as pessoas frágeis e os pobres sejam hospedados.

Quero aqui falar com vocês sobre a comunidade que nasce da solitude, pois é nesse estado que nossa esperança pode se fortalecer e se aprofundar. Recentemente, juntei-me a uma comunidade, a Comunidade L'Arche Daybreak, perto de Toronto, em Richmond Hill. Na verdade, não sei muita coisa sobre comunidades, pois fui professor durante vinte anos e, de algum modo, dei acolhida à minha solidão, apegando-me a meu afastamento do meio acadêmico. Portanto, sou um novato no que diz respeito à comunidade, mas aos poucos estou aprendendo. Gostaria de dizer algumas coisas sobre isso, pois sinto que a comunidade é o lugar onde a esperança pode florescer em nosso mundo.

Antes de mais nada, a comunidade é o lugar da intimidade. Se tiver medo, você não poderá ter intimidade. Não há como ser íntimo de uma pessoa de quem você tem medo. Se você tem medo de uma pessoa, ou você se mantém emocionalmente conectado a ela, ou então foge dela. A verdadeira intimidade é diferente de uma conexão emocional ou de fugir de alguém. Significa a disposição de estar verdadeiramente junto do outro nos momentos de fraqueza e manter uma lealdade mútua em meio à vulnerabilidade.

Tempos atrás eu costumava falar muito sobre amor e amizade, mas quando voltava para casa eu fazia o que bem entendia na minha vida particular, e ninguém seria capaz de avaliar se minhas ações eram coerentes com meu discurso. Hoje moro numa comunidade e, meu Deus!, todos sabem tudo a meu respeito. Esta avaliação acontece a todo momento, não porque eles suspeitem de mim, eles simplesmente me perguntam algo do tipo "Ei, Henri, isso que acabou de dizer você pratica no dia a dia?"

Pouco a pouco vou descobrindo que a comunidade é o lugar da intimidade, o lugar onde temos que admitir perante os outros, o tempo todo, que não temos como corresponder aos nossos ideais na vida. Na comunidade, o perdão mútuo é uma necessidade constante. A beleza da comunidade, da amizade, do casamento, da vida comunitária é que, a cada vez que dizemos "Desculpe, meu irmão, desculpe, minha irmã, por eu não ser do jeito que você esperava de mim", podemos ouvir a resposta do outro, que diz: "Tudo bem. Eu amo você". Desse modo, a intimidade se aprofunda e se fortalece. Portanto, estou aprendendo que a comunidade é o lugar adequado para uma confissão e um perdão constantes.

Quando ficamos mais próximos uns dos outros neste ambiente propício à confissão e ao perdão, descobrimos que Deus, o único que verdadeiramente nos ama, é maior do que nós. Entramos em contato com o amor primordial de Deus por meio da confissão e do perdão comunitários. Sentimos que fomos reunidos numa comunidade por um Deus que nos é leal.

A comunidade também é o lugar que dá frutos, o lugar da fertilidade. Esta é uma linda palavra que eu gostaria que vocês lembrassem, uma palavra muito importante na comunidade. Somos capazes de gerar frutos. Nossa sociedade não tem muito interesse pelos frutos; o interesse dela está nos produtos. O interesse de nossa sociedade é que vocês e eu possamos produzir coisas para vender. Desejamos ser pessoas produtivas, que possam vender muitas coisas. Eu faço isso e aquilo e, se eu fizer isso em quantidade suficiente, serei visto como uma pessoa produtiva.

A comunidade é o lugar onde podemos gerar frutos em meio às fraquezas, onde nos juntamos como pessoas fragmentadas. Porém, esta fragmentação é capaz de dar frutos. Em minha comunidade, a Daybreak, estamos agora arando a terra para começar uma horta. Aprendi que a terra precisa ser revirada se queremos que ela dê frutos. Ela precisa revelar sua fraqueza. Precisa ser macia. Precisa ser decomposta, desintegrar-se. Só assim algo poderá brotar. Se a terra estiver dura, rígida, nada poderá crescer nela. E é este o princípio básico de uma comunidade. Nela, nos transformamos em um solo decomposto e desintegrado uns para os outros, e neste terreno uma nova vida pode surgir. Esta é a beleza da intimidade. Duas pessoas se juntam em total vulnerabilidade, sem nada entre elas que possa protegê-las. Só então uma nova vida poderá nascer. Esta vida é fruto do amor de ambas.

Temos que lembrar que na comunidade o nosso encontro se dá em meio às fraquezas. Nela, somos convidados a ser vulneráveis, verdadeiros. Quando nos juntamos na condição de pessoas fragmentadas, demonstramos uma grande fragilidade. Quando cheguei à Daybreak, incumbiram-me de cuidar de um jovem chamado Adam. Adam não consegue falar nem andar. Não é capaz de se vestir sozinho. Precisa de ajuda para as mínimas coisas em seu dia a dia. Tem 25 anos, mas é totalmente dependente. Ele precisa de minha ajuda. E consigo perceber sua fragilidade.

Pela manhã, carrego Adam nos braços até o chuveiro. Levo-o ao refeitório e dou-lhe assistência durante o café da manhã. Este processo todo me consome um tempo enorme. Porém, quanto mais me aproximo de Adam, mais eu percebo como a vida dele é fértil, fecunda. Ele faz a mim e a nós todos um chamado à solitude. Ao mesmo tempo, ele consegue criar em seu redor uma comunidade afetuosa. Em volta dele e de seu corpo frágil e fragmentado reúnem-se pessoas de diferentes países, com diferentes personalidades, cada qual com seu caráter, pessoas que formam uma comunidade em seu redor, e que o conhecem. Quando fico em silêncio ao lado dele, percebo como ele me diz, sem usar uma única palavra: "Henri, silencie, vá com calma, vá mais devagar, confie que tudo vai dar certo". Ele não precisa me dizer uma palavra sequer para conseguir me comunicar isso tudo.

A comunidade também é um lugar para a alegria e a celebração. Isso é algo que estou aprendendo. Na comunidade, as pessoas levam um tempão para fazer suas refeições. Costumo pensar: "Vamos terminar isso logo, preciso trabalhar". Porém, a refeição é uma celebração, significa estarmos juntos. Dedicamos tempo a isso. Se algo triste acontece, nós celebramos. Quando acontece algo que traz felicidade, nós celebramos. Quando é o aniversário de alguém, nós celebramos. Quando alguém chega, nós celebramos. Quando alguém deixa a comunidade, nós celebramos. Quando uma pessoa se sente triste, conversamos sobre essa tristeza. Quando alguém se sente feliz, isso nos deixa em estado de exaltação, pois celebrar significa exaltar aquele momento, dizendo: "Deus está aqui, agora. Este é o dia que o Senhor criou. Este é o momento que queremos anunciar como uma oportunidade de estarmos juntos com Deus".

Celebração significa a compreensão de que Deus é um Deus do momento presente. Não precisamos nos apegar às culpas do passado, tampouco temer o futuro. Podemos dizer com sinceridade: o que está acontecendo está acontecendo aqui e agora. E queremos exaltar este momento como fonte de alegria. A comunidade é o lugar onde podemos dizer: "Aqui e agora, algo de bom está acontecendo, mesmo quando isso é dolorido. Mesmo quando isso nos traz alguma aflição. Não tentemos fugir disso". Assim como Jesus disse àquelas pessoas na estrada rumo a Emaús: "Vocês não sabiam que era necessário que o Filho do Homem sofresse todas essas coisas, para poder entrar em sua glória?" De repente, percebemos que em meio aos momentos de dor está escondida uma glória. Você precisa celebrá-la e trazê-la à superfície.

Não, isso não é nada fácil. Pois sempre achamos que algo de real acontecerá amanhã, na semana que vem, no ano que vem, quando terminarmos a graduação na faculdade, quando encontrarmos um emprego novo, ou mais tarde na vida. Mas a verdade é: tudo de que precisamos está sempre aqui e agora.

Portanto, meus caros amigos, a comunidade é o lugar da intimidade, o lugar da fertilidade, o lugar da celebração. Quero relembrar a todos vocês que este é o lugar onde está nascendo uma nova visão de esperança. Mesmo que não vivam no mesmo tipo de comunidade que eu, vocês estão sendo chamados – assim como eu – a formar uma comunidade, seja em suas paróquias, em suas famílias ou entre amigos, onde quer que recebamos o chamado para viver nossa vida de cristãos. Nela, temos a coragem de penetrar a solitude, e com isso descobrir o quanto somos amados. A partir desta solitude podemos formar comunidades nas quais uma verdadeira celebração da vida será possível, e poderemos nos tornar sinais de esperança neste mundo.

Quero concluir lendo um trecho do Evangelho de Lucas. Nesse lindo texto, Jesus faz uma referência ao fim dos tempos. Nele, Jesus diz que nações lutarão entre si. As pessoas lutarão entre si. Haverá aflições e guerras. Amedrontadas, as pessoas fugirão. "Porém, peço a vocês, meus amigos", diz Jesus, "Ouçam isso com atenção: orem sem cessar para que sobrevivam ao que vai acontecer, de modo que possam se manter firmes e confiantes na presença do Filho do Homem".

Orem sem cessar para sobreviver ao que vai acontecer, e mantenham-se firmes e confiantes na presença do Filho do Homem. É justamente sobre isso que falamos hoje. O chamado à solitude significa orar sem cessar, um chamado para que possamos nos manter unidos e firmes em comunidade. Neste mundo, haverá ainda muitas guerras e conflitos. As aflições e o sofrimento deste mundo não vão desaparecer. Porém, podemos escapar de toda esta destruição. Podemos viver juntos em solitude e em comunidade, orando sem cessar e nos mantendo unidos e firmes.

Podemos nos manter em pé, confiantes, de cabeça erguida, olhando diretamente nos olhos do Filho do Homem, que nos manterá unidos. Poderemos, então, eliminar todas as compulsões de nossa cultura – o dinheiro, a arrogância, os conflitos e o dogmatismo. Poderemos dizer: "não precisamos de nada disso. Não precisamos nos apegar a esta verdade que o homem fabricou. Podemos ter esperança. Pois temos agora um novo coração: ao invés de um coração amargurado ou de um coração de pedra, um coração vivo.

7

Manter-se firme

Logo após uma visita a uma comunidade L'Arche em Honduras, Henri sentiu-se motivado a investigar o que a Igreja norte-americana poderia aprender sobre lealdade e solidariedade junto às comunidades cristãs da América Central diante das injustiças estruturais que afetam esta região há décadas. Suas reflexões abordam vários aspectos históricos e a violência política na América Central. Os trechos a seguir centram o foco nas implicações da formação de uma comunidade. A íntegra deste artigo foi publicada no Calc Report pelo Baltimore Clergy and Laity Concerned (Calc), em 1987.

Há alguns meses fiz uma breve visita a Honduras. Diferentemente do que fiz em viagens anteriores à América Central, desta vez meu objetivo não era me colocar a par sobre a natureza do conflito que mantém esta região em constante estado de tumulto político, e sobre o papel dos Estados Unidos nisso. Viajei para lá simplesmente para participar de um retiro com membros da L'Arche, uma rede de comunidades direcionada a pessoas com deficiências mentais. Não me encontrei com nenhum político ou líder religioso. Fiz apenas uma visita de algumas horas à pequena comunidade L'Arche em Suyapa, perto de Tegucigalpa.

Foi nesta comunidade que conheci Raphael. Ele é um jovem com sérias deficiências, incapaz de andar, falar, vestir-se ou alimentar-se sozinho. Tem cabelos pretos, tom de pele escuro, e um rosto lindo, quase translúcido. Há sete anos ele foi encontrado numa instituição para doentes mentais em Tegucigalpa e trazido à Casa Nazareth, tornando-se, assim, o primeiro membro da El Arca, de Honduras. Sentado ao lado de Raphael e tentando me comunicar com ele, eu me perguntava o que este jovem com deficiência, um homem silencioso e completamente dependente, poderia me dizer sobre o conflito da América Central e sobre a reação dos cristãos a este conflito...

Há alguns anos, diante da situação explosiva na região da América Central, mobilizei-me para fazer um *lobby* no Congresso norte-americano, convocando as Igrejas a manifestarem-se contra a iniciativa de começar uma segunda Guerra do

Vietnã nos países com que fazemos fronteira ao sul. Agora, eu me sentava ao lado de Raphael, perguntando-me de que tipo de "mobilização" ele e sua família de pessoas deficientes estavam precisando. Enquanto eu estava ali, segurando sua mão, algumas palavras que eu muitas vezes tinha ouvido, mas jamais compreendido, começaram a voltar à minha mente:

> Quando vocês ouvirem falar de guerras e revoluções, não tenham medo: isso é algo que precisa acontecer no início, mas o fim não virá imediatamente... E então as pessoas verão o Filho do Homem surgindo de uma nuvem, mostrando todo seu poder e glória. Quando estas coisas começarem a acontecer, mantenham-se firmes, de cabeça erguida, pois sua libertação estará próxima... Permaneçam despertos, orando constantemente para que tenham a força para sobreviver a tudo que acontecerá e para manterem-se firmes diante do Filho do Homem (Lc 21,9-36).

Enquanto eu apertava a mão de Raphael e sentia seu desamparo e dependência, estas palavras de Jesus ganhavam um novo significado para mim. "Mantenham-se firmes diante do Filho do Homem". Raphael parecia estar me pedindo, com sua total fragilidade, que eu não permitisse que esta potência mundial [o país onde eu então morava, os Estados Unidos] me levasse a ser tomado pelo medo e pelo pânico, mas que eu mantivesse minha firmeza espiritual diante da presença do Senhor, ciente de que a libertação estaria próxima. Raphael não me pediu para fazer *lobbies* ou discursos; não disse que eu não deveria protestar contra a violência; não disse que eu não deveria agir com coragem para desmascarar as forças do mal. Seu corpo fragmentado e crucificado somente me alertou para nunca me entregar ao medo, para orar sem cessar, e agir com fé à espera do Senhor que está voltando para julgar os vivos e os mortos.

Portanto, ao abordar a atitude de "manter-se firme", falarei em nome de Raphael. Tratarei aqui de dois aspectos: a oração e a ação.

Oração

"Orem sem cessar para sobreviver a tudo que vai acontecer". Estas palavras nos lembram que, antes de mais nada, temos que sobreviver espiritualmente em meio a todos os ruídos, à desorientação e à agonia que nos cercam. Medo, raiva, frustração, impaciência, ressentimento, sentimento de vingança e de ódio pelo inimigo: estas são apenas algumas das tentações que podem facilmente nos fazer regredir e deixar ser dominados pelas preocupações mundanas. O chamado para orarmos sem cessar é um chamado para vivermos uma vida intimamente conectada com o Cristo sofredor.

Porém, a menos que possamos manter o olhar fixo em Jesus, seremos consumidos pelo sofrimento que nos cerca.

Orar significa manter nosso coração sempre unido ao coração de Jesus e, com isso, por meio desta união, poder perceber e ouvir o clamor dos pobres; em vez de estimular nossas paixões, despertar uma verdadeira compaixão. O estado de servidão a que estão submetidos os povos da América Central nos oferece um pequeno vislumbre do Cristo vivo que se solidarizou com os pobres. Por meio do povo oprimido, manipulado e torturado desta região do planeta, o Cristo sofredor nos é revelado. Ele se juntou a seu povo neste estado de servidão, carrega seus fardos junto com ele, e lhe oferece a sua vida na luta pela libertação.

A meu ver, o reconhecimento do Cristo que "desce até nós" quando nos deparamos com pessoas na situação de vítimas é uma questão de sobrevivência espiritual. Por meio deste reconhecimento entramos em contato com a mente daquele que não se apegou a seu divino lugar de poder, mas esvaziou-se de todo e qualquer poder para assumir uma condição de escravo. Somos capazes de encarar este Cristo humilhado, de sentir compaixão por este Cristo, e de cuidar de todas as suas feridas e chagas? Isso só será possível se nos dispusermos a trilhar o mesmo caminho descendente que Jesus trilhou, substituindo a competição pela compaixão, as rivalidades pelo perdão, o poder pelo desamparo, o individualismo pela comunidade. Só poderemos enxergar Cristo nos pobres da América Central quando este mesmo Cristo encontrar um lugar em nosso coração. E o único lugar em nosso coração onde Cristo pode habitar é o lugar da fragilidade, onde podemos nos conectar com o caminho descendente de Cristo. Isso é dificílimo de acontecer em uma sociedade guiada pela ambição e pelo poder, cujos membros buscam, cada vez mais, a ascensão social. Porém, manter-se firme diante do Filho do Homem jamais será possível se dependermos da competitividade para demonstrar nossa compaixão, e de nossa arrogância para alimentar os pobres.

Portanto, os povos oprimidos e dependentes da América Central representam o Cristo vivo que nos pede para que tomemos nossa própria cruz em mãos, antes mesmo que tomemos a cruz deles, e que o acompanhemos até o lugar onde o abandono é total. Quando digo que a oração é a primeira e mais importante reação dos cristãos ao sofrimento dos povos da América Central, não quero dizer simplesmente que devemos orar por aqueles que visivelmente estão em piores condições do que nós. Não, para mim, a oração significa conectarmos nosso frágil e vulnerável coração ao coração do Jesus sofredor; poder, com isso, viver uma vida conectada com a mente de Cristo. Significa, além disso, reivindicar nossas aflições, nossos medos, nossa culpa e raiva, tomando isso tudo como nossa própria cruz; com isso, poderemos nos solidarizar com o Cristo sofredor na América Central. Para mim, a oração significa caminhar na mesma humilde trilha de Cristo – o mesmo caminho percorrido pelos povos da América Central –, e poder com isso sentir em meu ser mais profundo a realidade de que, ao mergulharmos juntos nas águas purificadoras de Cristo, nos conectaremos com laços que transcendem quaisquer fronteiras, sejam elas nacionais, culturais, econômicas ou étnicas.

Enquanto seguirmos nos agarrando à nossa falsa identidade de pessoas que, de um modo espiritual, exercem influência política e econômica no mundo, muito dispostas a ajudar os pobres e oprimidos da América Central, oferecendo-lhes nosso serviço cristão, nosso trabalho não será muito diferente do trabalho desses influenciadores, os responsáveis por todo este sofrimento que estamos tentando aliviar. Somente quando nos mostrarmos dispostos a construir um sentimento de fraternidade, uma fraternidade das pessoas frágeis, primeiro entre nós mesmos e, a seguir, entre nossos irmãos e irmãs da América Central, somente então será possível sobreviver a tudo que acontecerá, e que poderemos nos manter firmes diante do Filho do Homem.

Ao segurar as mãos de Raphael em Suyapa, e permitir que sua total fragilidade falasse comigo, não ouvi dele "Faça isso, faça aquilo pelo meu povo". O que ouvi foi: "Permita que Jesus toque você no seu ponto frágil, o mesmo que há em mim; assim poderemos, ambos, pertencer a Ele". Raphael me convidou a distanciar-me do mundo que deseja solucionar todos os problemas, e a me juntar a ele no caminho árduo e libertador em que carregamos uma cruz. Ele me relembrou que eu não pertenço a este mundo em maior medida do que Jesus pertence a este mundo; fez-me compreender que a incessante oração é o único caminho para que eu não me torne vítima dos poderes do mundo e não retroceda diante do Filho do Homem. É muito difícil ter que ouvir isso. Há uma grande parte de mim que quer resolver problemas, mudar as estruturas da sociedade, mudar o curso da história, e proclamar a vitória sobre as forças do mal. Dentre todos os caminhos possíveis, eu talvez jamais escolhesse este que Raphael está trilhando. Mas este é o caminho de Deus e, portanto, o único caminho rumo à verdadeira libertação.

Ação

"Permaneçam despertos e mantenham-se firmes." Estas palavras não são apenas um chamado à oração, mas também um chamado à ação. Isso fica muito claro quando Jesus descreve em detalhes o dia em que o Filho do Homem virá para o Juízo Final. Nesse dia, povos de todas as nações se reunirão diante dele, que os lembrará de suas palavras: "Todas as vezes que vocês fizerem isto a um destes irmãos mais pequeninos, é a mim que estarão fazendo". O essencial nesta frase está no verbo *fazer*: este é o critério decisivo pelo qual seremos julgados.

Quando analisamos de modo crítico a longa história de opressão e manipulação na América Central, percebemos que não é tão fácil entender o significado de "fazer algo pelos pobres na América Central". Muitas das ações realizadas pareceram passos dados na direção de um enorme atoleiro. Uma infinidade de pessoas doou tempo, dinheiro e energia para atender às necessidades nutricionais, médicas e educacionais dos pobres da América Central; muitas delas testemunharam processos de restauração de paz e de reconciliação, e várias delas dedicaram suas vidas à luta daqueles povos pela libertação. Porém, não há como dizer que houve progressos. O quadro-geral, marcado pela dependência e pela pobreza, não se alterou; os antigos padrões de exploração permanecem essencialmente os mesmos; a violência e a ameaça de uma guerra parecem tão palpáveis hoje quanto eram no momento em que nossa consciência teve seu primeiro despertar.

É bem pouco provável que no futuro vejamos uma mudança radical na postura oficinal norte-americana em relação a seus vizinhos do Sul. Não é realista alimentar a esperança de que os padrões de interferência direta nos assuntos políticos e econômicos dos países da América Central passarão por mudanças drásticas, que haverá uma diminuição significativa do número de violações de direitos humanos e intervenções militares, e que os pobres viverão em condições muito melhores nas próximas décadas. Os sinais mencionados por Jesus – nações brigando entre si, a fome assolando várias regiões, perseguições e prisões, pessoas dominadas pelo terror e pelo medo – continuarão presentes entre nós, alertando-nos para que, em meio a isso tudo, possamos manter nossa fé.

Qual é, então, o significado da palavra *ação* para um cristão que vive em meio a estas calamidades? Tentarei apontar alguns caminhos de maneira mais clara.

A ação precisa acontecer como um fruto do amor. Nenhum gesto – até mesmo o mais generoso – que resulte do medo, da raiva, da culpa ou da frustração poderá dar frutos. Ele poderá atrair a atenção de muitas pessoas, sensibilizar e motivar muita gente, mas não encontrará um terreno fértil que possa gerar uma nova vida. O lugar de onde a ação cristã surge é um lugar que está além das estruturas sociais do mundo. É o lugar a que nós realmente pertencemos. É o lugar do perdão, da reconciliação, da comunidade e da compaixão. Em suma: é o lugar onde somos capazes de amar não apenas nossos amigos, mas também nossos inimigos.

Talvez a capacidade de amar um inimigo seja o melhor critério pelo qual podemos avaliar a autenticidade de uma ação cristã. Pois, quando somos realmente capazes de amar nosso inimigo, seja esta pessoa dos Estados Unidos ou da América Central, temos um claro sinal de que pertencemos ao Deus "que faz o sol raiar sobre os maus e os bons, e derrama a chuva sobre os justos e os injustos"

(Mt 5,45). Pertencer ao mundo significa dividir o mundo entre os que estão a seu favor e aqueles que estão contra você. Pertencer a Deus significa enxergar o mundo como um lugar onde todas as pessoas são profunda e intimamente amadas e, portanto, são verdadeiros irmãos e irmãs. Desse modo, todas as nossas ações devem ser praticadas por meio da compaixão universal de Deus. A partir desse lugar, somos enviados ao mundo para nele agir, não como uma reação àquilo que é feito no mundo, mas como uma reação àquele que Deus é.

É preciso que a ação esteja associada à capacidade de receber. Se formos realmente capazes de distinguir o Cristo sofredor em meio aos povos da América Central, um Cristo que nos chama à conversão, temos então que estar dispostos a receber os dons, os presentes e os talentos do Cristo sofredor que nos são oferecidos por meio das pessoas. Este é um aspecto fundamental da ação. Trata-se de libertar os pobres para que possam oferecer seus dons, presentes e talentos. Passados alguns séculos, período em que os pobres da América Central foram levados a acreditar que têm somente o direito de receber – cultura, ajuda econômica e a verdadeira religião –, e que nada têm a oferecer, a ação que se faz mais urgente hoje é reverter este processo opressivo e permitir que os pobres mostrem sua própria riqueza espiritual. Qualquer pessoa que tenha convivido algum tempo com os povos da América Central, no espírito de Jesus, será capaz de reconhecer que eles receberam mais do que deram. Muitas vezes, esta pessoa teve uma preciosa chance de perceber sua pobreza espiritual ao deparar-se com os preciosos presentes espirituais que lhe foram oferecidos pelos pobres: "amor, alegria, paz, paciência, bondade, fé, gentileza e temperança" (Gl 5,22). Deu-se conta de que, em meio a um imenso sofrimento, Jesus conseguiu tocar os pobres de um modo tão profundo que eles se tornaram os verdadeiros anunciadores das boas-novas.

Um período de convívio em meio aos cristãos da América Central pode nos fazer perceber como nossa sociedade veloz e competitiva está impregnada de medo, sofrimento, violência, impaciência, sentimento de vingança, maldade, mentiras e libertinagem; pode também nos abrir os olhos para o fato de que mesmo em nossas próprias comunidades cristãs o Espírito de Cristo tem sido eliminado, e substituído pelo espírito mundano.

Somente após ter passado uma temporada entre os pobres da América Central é que me dei conta de como meus irmãos cristãos do Norte eram sombrios, sisudos e carregados com um sentimento de culpa. Eu costumava considerar a depressão coletiva daqueles povos como um fato natural, até que me deparei com a alegria exuberante e a livre-expressão de amor e de afeto das pessoas que, embora pobres, ainda têm uma profunda consciência do amor preferencial de Deus.

Se alguma ação se faz necessária, trata-se de libertar os povos das Américas Central e do Sul de seu fatalismo, de seu sentimento de autorrejeição e baixa autoestima, e de ajudá-los a encarar os preciosos frutos espirituais de seu sofrimento como um presente para se inspirar, celebrar e compartilhar. A beleza no ato de receber tais presentes é permitir àqueles que os oferecem a constatação de que eles também têm algo a oferecer. É por meio da atitude agradecida da pessoa que recebe um presente que este se torna um verdadeiro presente. Uma de nossas tarefas é sempre buscar maneiras novas e criativas com que se pode receber – e permitir que se revelem – tais presentes. Desse modo, participaremos do glorioso trabalho de libertação humana.

A ação precisa ser sempre compartilhada. A ação de solidariedade com os povos da América Central não deve simplesmente ser encarada como o fruto de iniciativas de cristãos que se preocupam com uma causa, e sim como a ação de toda uma comunidade cristã. Ao fazer de nossa ação uma prática que se dá por meio do corpo vivo de Cristo, por meio da comunidade das pessoas cujas vidas estão sendo incorporadas à vida do Senhor crucificado e ressuscitado, nossa ação se torna, de fato, um modo de nos mantermos firmes diante da presença do Filho do Homem. Sempre que permitimos que nossa ação seja vista como a expressão de um partido, seja ele de direita ou de esquerda, ou de um grupo isolado da comunidade, estamos retrocedendo.

É preciso que a Igreja atue como uma Igreja autêntica, oferecendo apoio, estímulo e conforto àqueles segmentos da comunidade que necessitam um cuidado especial. Isso requer muita paciência e um trabalho árduo; porém, a longo prazo, as recompensas ficarão visíveis.

Estes são apenas alguns dos aspectos que caracterizam a disposição de nos mantermos firmes na presença do Filho do Homem. Sempre que nossa ação está envolvida pela prece e pela gratidão, e é compartilhada, isso pode realmente se tornar uma autêntica reação cristã à realidade dos povos da América Central. Dessa forma, nossas ações não dependerão de um êxito específico, mas poderão ser julgadas com base nos frutos por elas gerados. Não serão frutos do poder de influência de pessoas e grupos particulares, mas da autenticidade, e não serão julgadas com base no impacto que exercem, e sim em sua intenção. Se nós cristãos dermos demasiada importância ao número de pessoas envolvidas em tais ações, à amplitude da cobertura que a mídia pode nos oferecer, e aos resultados mais visíveis destas ações, estaremos caminhando a passos largos rumo à desilusão, ao esgotamento físico e à autodestruição.

O caminho rumo à libertação dos povos da América Central é bastante longo. Os pecados cometidos durante cinco séculos não serão redimidos em uma única geração. Pois, para a comunidade cristã, não se trata de saber se o que fazemos "funciona", mas se nossas ações são uma reação fiel à crise tal como ela é vista pelos olhos da fé. Aos olhos do mundo Jesus fracassou, assim como fracassaram seus seguidores: São Paulo, São Francisco e Dorothy Day. Os três não tinham nada do que se vangloriar, no momento em que morreram. O trabalho deles foi pequeno, insignificante e descartado como algo inútil. Porém, eles são o sal da terra e a luz do mundo. O que nos traz esperança não é o fato de eles terem resolvido os problemas da época em que viveram, e sim de terem reagido a tais problemas em um espírito de fidelidade à sua vocação de cristãos. A pergunta que nos será feita no Juízo Final não será "Vocês resolveram os problemas da América Central?", e sim "Você reagiu a eles tomado pelo Espírito de Jesus?"

São Francisco não conseguiu resolver nenhum problema da época em que viveu, mas sua fiel reação a eles continua sendo fonte de esperança, séculos após sua morte. De fato, suas ações não alcançaram êxito, mas produziram muitos frutos. O mesmo aconteceu com as ações de Oscar Romero, Rutílio Grande, das quatro religiosas de El Salvador[9], e de vários outros cristãos anônimos que sacrificaram suas vidas lutando por justiça e paz. O chamado que estamos recebendo é para que pratiquemos estas mesmas ações. O que realmente importa é: Enquanto indivíduos e comunidades, estamos nos mantendo firmes na presença do Filho do Homem?

A pequena comunidade que acolheu Raphael, em Suyapa, é bastante frágil. Nela vivem um pequeno número de pessoas com deficiências mentais, um punhado de assistentes vindos de países como Honduras, França, Bélgica, Brasil e Estados Unidos, e conta com o apoio amoroso de algumas poucas famílias de Tegucigalpa, e muitas crianças

---

9 Referência ao bárbaro assassinato de quatro freiras por membros da guarda nacional salvadorenha, ocorrido em dezembro de 1980 [N.T.].

que chegam à comunidade e logo a deixam. Muitas pessoas sorridentes, que passam um longo tempo ao redor de mesas, simplesmente conversando, e orações que ocorrem com frequência. As visitas são frequentes.

Durante as horas em que estive na comunidade fiquei impressionado com o poder das pessoas desamparadas. Comparada a todo o estardalhaço em relação às bases militares norte-americanas, à ajuda dos contrarrevolucionários e à ameaça de guerra, esta comunidade parecia mais uma pequena pétala de rosa em meio a um agitado oceano. Porém, quando me sentei à mesa e percebi a alegria e a paz estampadas nos rostos de Raphael e de sua nova família, senti o poder do amor de um modo como poucas vezes eu havia sentido. Perguntei a mim mesmo: Comunidades frágeis e desconhecidas como esta é que impedem que o mundo seja destruído? A alegria mansa e a paz dos pobres é que faz com que nosso amoroso Senhor mostre novamente sua misericórdia a uma geração que vive em pecado? Ou quem possibilita isso são os Raphaels deste mundo, em cuja fragmentação o Pai compassivo reconhece seu Filho que foi crucificado para salvar a humanidade?

Quando me deparei com esta pequena comunidade escondida em um mundo que caminha rapidamente na direção do abismo, senti uma verdadeira esperança nascendo dentro de mim. Durante muitos anos eu me perguntava o que poderia fazer em relação à situação da América Central e, depois de ter feito muito *lobby* e discursos, na tentativa de convencer as potências mundiais a mudar sua conduta, esta pequena comunidade surgiu diante de mim como o grupo de mulheres que receberam em seus braços o corpo de Jesus recém-retirado da cruz, o acompanharam até o túmulo e ali mantiveram vigília. Trata-se de um gesto aparentemente inútil e sem o menor propósito. Porém, cuidar das chagas do frágil corpo de Jesus, cobri-lo com um manto, colocá-lo no sepulcro e manter-se em vigília nesse lugar – isso tudo não consiste na maior prova de fé? Temos a obrigação de salvar o mundo? Somos capazes de ressuscitar os mortos, restaurar a paz e estabelecer o Reino sobre a terra? Não somos. E, se seguirmos tentando assumir o trabalho de Deus, causaremos a nossa própria destruição.

É possível que ao cuidar do frágil corpo de Raphael, acariciar seu rosto silencioso, carregá-lo no colo até sua cama, fazer com ele uma oração antes de dormir – é possível que esta seja uma maneira de nos prepararmos para reconhecer o Senhor ressuscitado quando ele surgir diante de nós na manhã de Páscoa. O mundo continuará tendo conflitos, opressão, assassinatos e destruição, mas felizes daqueles que são capazes de ouvir a sua voz e enxergar seu rosto enquanto Ele caminha conosco na estrada.

Oração, comunidade e ação

Ao falar sobre a oração e a ação como reações à realidade dos países da América Central, tentei reformular de modo concreto o chamado cristão, para estar no mundo sem a ele pertencer, para trabalhar pela paz e pela justiça sem jamais perder contato com Aquele em quem encontramos nossa identidade, para dizer "não" às forças destrutivas e, ao mesmo tempo, mantendo-nos verdadeiramente vivos, e para agir corajosamente enquanto oramos em confiança.

A prece incessante e as ações amorosas, repletas de gratidão e voltadas à comunidade, são modos de nos mantermos firmes enquanto o mundo tenta nos seduzir ao ódio, à violência, à guerra. Para concluir minha fala, tentarei lhes dar algumas sugestões práticas, com base nas reflexões que apresentei. Espero estar falando em nome de Raphael e de muitos outros pobres da América Central.

Mantenha o foco no Jesus sofredor. "Venham a mim", diz Ele, "vocês que estão cansados e oprimidos, e eu os aliviarei. Aprendam comigo, que sou manso e humilde de coração, e encontrarei descanso para as suas almas". Enquanto mantivermos o foco na agonia da humanidade fora do coração de Jesus, estaremos presos à depressão ou à raiva, tornando-nos vítimas dos mesmos demônios que combatemos.

Para mantermos nosso foco no Jesus sofredor, temos que ter a coragem de passar longas horas em solitude. Nesse estado, no coração de Jesus, do qual fluem sangue e água, nosso coração aflito e o coração de um mundo agonizante podem tornar-se uno no ventre de Deus; ali poderemos encontrar a paz e a alegria que o mundo não nos pode oferecer.

Quanto maior for nossa necessidade de resistência, de protestar, e de trabalhar para aliviar a dor dos necessitados, maior será a necessidade de equilibrar tais ações com a solitude, na qual podemos estar com Deus, e somente com Deus. Sem ela, nossas ações deixarão de ser uma expressão de fé; elas logo começarão a se deteriorar, tornando-se uma tentativa errática de superar um fatalismo demoníaco.

Se quisermos levar a sério o chamado para orarmos sem cessar, será necessária a prática constante de nos recolhermos a um canto silencioso, para ali podermos ouvir Aquele que, com seu amor perfeito, poderá expulsar nosso medo e nos mostrar o modo como podemos levar este amor ao mundo, como uma luz no meio da escuridão.

Criem comunidades de amor. Uma comunidade de amor é uma comunidade na qual o perfeito amor de Deus se torna visível por meio de confissões mútuas e do perdão constante. Os povos cristãos da América Central estão nos chamando para descobrir o significado da Igreja. Mais importante do que qualquer palavra ou gesto nosso em prol dos povos desta região é ajudá-los a redescobrir a beleza que é viver como uma comunidade de fé. O mundo em que vivemos, com seu foco voltado para o sucesso, cooptou a comunidade cristã de variadas formas. Chegou o tempo de recuperarmos – com a ajuda de nossos vizinhos que sofrem – nossa identidade de fraternidade dos desamparados, uma fraternidade que se mantém unida graças ao Nosso Senhor. É nessas comunidades que encontramos o lugar seguro para abandonar nossas ilusões de grandeza, para nos livrarmos do desejo de poder e de exercer influência, e descobrir nossa identidade vulnerável, o lugar onde Jesus escolheu habitar. O grande desafio que nos é imposto perante os povos da América Central é descobrirmos nossa identidade como Igreja, como povo de Deus, como o corpo vivo de Cristo.

Perceba com clareza a singularidade de seu chamado à ação. Sempre que mantemos o foco em Jesus por meio de uma disciplina de solitude, e que construímos uma verdadeira fraternidade dos fragilizados por meio da disciplina da comunidade, conseguimos identificar nossa especial responsabilidade como indivíduos e como comunidades em relação aos povos da América Central.

O chamado que estamos recebendo não é ao heroísmo, mas a um sacrifício extremo. Com o heroísmo, dirigimos a atenção alheia para nós mesmos. O sacrifício extremo dirige esta atenção a Deus. A pessoa disposta a este sacrifício é uma testemunha que oferece tudo o que tem, até mesmo sua própria vida, a fim de manifestar o amor de Deus. Qual é, então, nosso modo singular de testemunhar? De que maneira estamos sendo chamados à ação? Fazendo doações em dinheiro? Fazendo *lobbies* no Congresso? Convocando a Igreja a demonstrar uma maior solidariedade com as pessoas que sofrem na América Central? Sendo testemunhas do processo de restauração da paz nas fronteiras da Nicarágua? Visitando líderes políticos e eclesiásticos em El Salvador, Guatemala, Honduras, Nicarágua, Costa Rica e Panamá? Inaugurando consultórios médicos, escolas de idiomas e orfanatos? Trabalhando com e em prol dos refugiados no Movimento Santuário[10]? Adotando uma criança órfã de pais assassinados? Escrevendo cartas, participando do movimento de resistência não violenta? Sendo presos por atos de desobediência civil?

A resposta é: de todas estas maneiras, de algumas delas, ou de nenhuma delas, dependendo de em que medida alguma delas será uma resposta fiel à realidade em que vivemos. Uma vez que compreendemos, em meio à solitude, de que modo Deus nos chama, e de que modo recebemos o apoio emocional da comunidade, poderemos realmente deixar de agir em nosso próprio nome e passar a agir em nome de Cristo, com esperança, coragem e autoconfiança.

Agir em nome de Cristo sempre significa agir em nome de seu Corpo, a Igreja, pois Cristo e sua Igreja jamais podem ser separados. Esta profunda conexão com Cristo e sua Igreja faz com que mesmo o menor gesto nosso torne-se parte do grande trabalho divino de libertação. Tão logo compreendemos que nossas ações são realmente parte do trabalho maior de Deus e do povo de Deus, podemos agir com a totalidade de nosso ser. Desse modo, tudo o que fazemos – um gesto simples

---

10 No original, *Sanctuary Movement*: campanha de natureza religiosa e política promovida no início da década de 1980 nos Estados Unidos, com o objetivo de oferecer assistência e abrigo aos refugiados da guerra civil da América Central [N.T.].

como dar um copo d'água a uma criança, ou sacrificar a própria vida por um amigo – dará frutos, pois tudo isso faz parte da indestrutível corrente de fé. Portanto, que possamos manter nosso foco em Jesus, construir comunidades de fé, e identificar nosso singular chamado à ação. Somente assim seremos capazes de sobreviver a tudo que está prestes a acontecer, mantendo-nos firmes diante do Filho do Homem. E que Raphael e todos os pobres da América Central nos sirvam de guias.

8

Da comunhão à comunidade
A viagem contemplativa

Henri ministrou esta palestra no Regis College, na Universidade de Toronto, em 27 de fevereiro de 1991. Nela, ele descreve como sua mudança de Harvard para a L'Arche Daybreak lhe permitiu aprofundar sua compreensão e sua prática comunitária como uma expressão de comunhão com Deus.

Naquele tempo, Ele subiu à montanha para fazer suas orações e passou a noite inteira orando para Deus. Ao raiar do dia Ele reuniu seus discípulos, e dentre eles escolheu doze, que chamou de apóstolos: Simão, a quem chamou de Pedro, André (irmão de Pedro), Tiago, João, Felipe, Bartolomeu (também chamado Natanael), Mateus, Tomé, Tiago (filho de Alfeu), Simão, o zelote, Judas (Tadeu) e Judas Iscariotes, que traiu Jesus (Lc 6,12-16).

Ao chegar à L'Arche, vindo de Harvard e do universo acadêmico, eu estava deixando para trás um mundo bastante individualista que está sempre dizendo: "Tente fazer tudo sozinho". Com isso, saí para o mundo e tentei fazer um monte de coisas. Por fim, percebi que isso não estava funcionando, e que talvez eu devesse optar pela vida comunitária. Cheguei então à L'Arche Daybreak, onde me perguntaram: "Bem, Henri, você tem rezado?"

Portanto, venho redescobrindo a sequência correta das coisas em minha vida. Talvez eu tenha invertido totalmente esta sequência. Porém, comecei a perceber que estamos sendo chamados para uma vida de comunhão e a permitir que a comunidade nasça a partir desta comunhão. Exercer o ministério significa, de fato, chamar as pessoas para a comunhão. Quero hoje falar sobre estas três palavras: comunhão, comunidade e ministério. Na sequência, vou compartilhar com vocês um pouco do que aprendi com minha própria vida na comunidade.

Ambas as etapas deste movimento, da comunhão para a comunidade, e da comunidade para o exercício do ministério, são belíssimas e também bastante dolorosas. A passagem do capítulo 6 do Evangelho de Lucas descreve Jesus em um momento de comunhão com Deus durante a noite e, a seguir, a sua formação de uma comunidade com seus discípulos, um dos quais posteriormente o trairia. Esta comunidade o conduziu ao ministério, e foi este ministério em meio às pessoas que levou Jesus à cruz.

Portanto, a comunhão, a comunidade e o ministério são lugares onde queremos estar, mas também são lugares em que enfrentamos um grande sofrimento e enormes conflitos. Imagino que nós todos sejamos pessoas que estão clamando por comunhão, com um grande anseio em descobri-la.

A busca por pertencimento

Todos queremos saber o que significa pertencer a algum lugar. Em algum lugar do mundo existe um lugar onde estou "em casa". Há um lugar onde sou bem-acolhido, carinhosamente abraçado e amado. Quando penso nas pessoas que encontro em minha própria comunidade, mas também em minha vida na cidade e neste mundo, enxergo pessoas como seres humanos que estão implorando para chegar à comunhão, clamando por um lugar onde haja segurança, por um lugar seguro onde haja união. Creio que todos nós, talvez de maneiras muito distintas, sejamos pessoas com uma profunda consciência de nossa fragmentação e do quanto as nossas conexões humanas são fragmentadas. Existe um anseio constante de comunhão, de cura, de restauração, um desejo de nos unirmos novamente, e de voltar àquele lugar onde nosso coração possa repousar em paz.

Ao nos criar, Deus nos dotou de um coração com um grande anseio pela comunhão. Grande parte do que fazemos em nossa vida cotidiana é uma tentativa de chegar a esta comunhão. Muitas vezes, é nesta busca por restabelecer uma conexão que nos percebemos feridos, magoados e fragmentados. Nosso corpo tem um grande desejo de intimidade, de encontrar um lugar de repouso. Nossa mente busca uma compreensão que possa reunir novamente tudo que está separado. Para além disso tudo, existe um espírito dentro de nós com um grande anseio. Espero que vocês estejam dispostos a dar ouvidos a este coração que anseia, sempre que eu estiver falando sobre a comunhão. Jesus é aquele que veio ao mundo para nos oferecer esta comunhão. Se quisermos compreender o significado de comunhão, teremos, antes de mais nada, que olhar para Ele. Portanto, pare um instante e olhe para Jesus. Ele passou a noite em comunhão com Deus.

Eu gostaria que vocês olhassem para Jesus durante a noite, pois é a partir deste lugar de comunhão que seremos capazes de compreender o ministério e a presença de Jesus. Sempre que você pensar em Jesus, pense nele como Aquele que ouviu a voz que lhe dizia "Tu és o meu filho amado, que me dá muita alegria". Foi esta a voz que Ele ouviu ao sair do Rio Jordão, logo depois de seu batismo. Jesus sabe que foi enviado ao mundo como um filho amado de Deus, como Aquele que vive em comunhão com Deus.

Crer em Jesus significa crer que você está tocando Aquele com quem Ele viveu em comunhão. Fica muito claro, na passagem do Evangelho em que Ele diz: "Você crê?", que, com isso, Ele está, na verdade, dizendo: "Você confia?" Jesus diz: "Quando me vê, quando toca em mim ou me escuta, você está escutando Aquele que me enviou, Aquele com quem eu vivo em comunhão. Não estou dizendo estas palavras por mim mesmo. Meu Pai me enviou para lhes dizer estas palavras. O trabalho que estou fazendo não é o meu trabalho. Meu Pai me enviou para este trabalho. A glória que estou recebendo é a glória de meu Pai".

"Você é capaz de crer e confiar que eu sou aquele que vive em plena comunhão com Aquele que me enviou? Esta é a fonte e este é o lugar de onde eu falo, de onde eu ajo, de onde eu trabalho." Jesus esperou a noite para subir a montanha e ali orar. Orar significa ouvir a voz que diz: "Você é meu filho amado. Você é meu filho predileto, com quem vivo em constante e infinita comunhão. Você é a pessoa em quem todo o meu amor torna-se visível. É com este amor que criei o universo. Este amor se transforma em um corpo encarnado. Falei ao mundo por você e a partir do amor. Envio-lhe agora ao mundo como um ser que é a plena expressão de meu amor. A plenitude de meu amor poderá ser tocada, vista e ouvida". Quando Jesus sobe a montanha, Ele chega ao lugar onde ouve esta voz que o chama de 'Meu filho amado'".

Ouvir, um ato de obediência

Jesus era uma pessoa que ouvia. *Ouvir* tem origem na palavra latina *audire*. E ouvir com grande atenção significa *ob-audire*, ou seja, obediência. Jesus é a pessoa obediente que ouve a voz que lhe diz "Você é meu filho amado".

E é justamente esta ideia para a qual quero chamar a atenção de vocês. É justamente isso que Jesus deseja que vocês e eu sejamos, as filhas e os filhos amados de Deus. Quando Jesus diz "É bom para vocês que eu me despeça, assim posso lhes enviar meu espírito", ele está dizendo "é bom que eu me vá, de modo que eu possa lhes enviar a minha comunhão, para que a comunhão em que eu vivo possa também ser sua". E isso é verdade, pois vocês não são menos filhos de Deus do que eu. Vim para lhes trazer esta comunhão. E é a partir desta comunhão que quero lhes enviar ao mundo.

Portanto, orar na montanha e passar a noite em oração significa ouvir constantemente a voz que o chama de "Meu amado". E é somente na condição de filha amada e de filho amado de Deus que você conseguirá ter um primeiro vislumbre do que significa viver em comunidade e exercer o ministério. Digo estas coisas a vocês ciente de que estamos fazendo muitas coisas, inúmeras coisas. Porém, em muitas situações, aquilo que fazemos e o que às vezes chamamos de ministério é feito de um modo que impede a expressão desta mesma comunhão que tanto desejamos alcançar.

Porém, se você quiser saber o significado da cura, das palavras e dos ensinamentos de Jesus, deverá retornar àquele lugar onde Ele está em comunhão com Deus, bem cedo pela manhã, muito antes de o sol raiar. Ele se dirigiu a um lugar solitário e ali orou. A certa altura, os discípulos chegaram e lhe disseram: "Todos estão à sua espera". Ele então respondeu: "Sim, temos que ir, temos que anunciar a Palavra e a boa-nova, mas o que estou anunciando e proclamando, e o lugar de onde vem o poder de cura é justamente o lugar da comunhão".

As dores da comunhão

Preciso acrescentar algumas coisas ao que já disse. A comunhão foi um processo vivido durante a noite. Às vezes, pensamos na comunhão como algo que traz grande satisfação, que sacia as necessidades do coração e da mente. Mas percebam que foi durante a noite que Jesus entrou num estado de comunhão com Deus. Não necessariamente você receberá esta comunhão de imediato, ou de uma única vez. Na verdade, quanto mais você orar, mais fácil será compreender que a comunhão que lhe é dada, a qual você está sendo chamado a viver, é uma comunhão que está além dos sentimentos de seu pequeno coração e dos pensamentos de sua pequena mente. Você está em comunhão com Aquele que é maior do que nossos corações e mentes.

E é esta a razão pela qual você vive em comunhão. Isso não é algo de fácil compreensão. Uma grande disciplina é exigida de nós. Com seu grande anseio de comunhão, meu pequeno coração é impaciente e quer logo começar a fazer algo para que eu me sinta melhor. Quando tenho um grande anseio de comunhão, quando estou implorando para ter uma sensação de comunhão, poderei escolher um desses caminhos: talvez eu me veja em busca de um lugar onde eu me sinta bem, ou então em busca da companhia de uma pessoa com quem eu me sinta bem. Ambos os caminhos são maneiras de evitar a noite, o momento no qual a verdadeira comunhão está sendo vivida. E você sabe muito bem como isso é difícil.

O Espírito de Deus habita nos lugares mais profundos de seu coração, no centro do seu ser; é neste lugar que o espírito de comunhão é oferecido a você. Porém, as vozes do mundo a seu redor o chamam de todos os lados: "Vá para este lugar, vá para aquele outro, faça isso, faça aquilo". Se você der ouvidos a estas vozes, estará sempre distraído, estará sempre sendo convidado à dispersão, para viajar a outro país, para distanciar-se de casa. E, quanto mais longe você se distanciar de casa, mais tenderá – como o filho pródigo da parábola – a acabar vivendo na pocilga, com os porcos.

Você está em busca de comunhão, mas está se distanciando cada vez mais de casa. Permanecer em casa, viver em casa é dificílimo. Grande parte disso tudo acontece em meio à escuridão, durante a noite. Mas é deste lugar de escuridão que Jesus vem. E Ele diz: "Quero que vocês estejam no lugar onde eu estou. Nem vocês nem eu pertencemos a este mundo. Vocês pertencem a Deus, pertencem à minha casa. Vocês pertencem à comunhão, e a partir desta comunhão eu os envio para o mundo". Portanto, pare um instante e tente pensar em si mesmo como alguém que pertence à casa de Deus, à família de Deus, à comunhão de Deus. E, a partir deste lugar onde todos são uma só coisa, vocês são enviados ao mundo para criar comunidades e exercer o ministério.

Isso tudo é o oposto do que costumamos pensar. Trata-se de um raciocínio teológico. Em sua origem, a palavra *teologia* significa "união com Deus". A palavra *theologia*, em seu sentido original, tinha o significado de terceiro nível da oração mística, de comunhão com Deus. Quero relembrar vocês que, a partir deste lugar, à medida que você estiver entrando neste estado de comunhão, não terá como fazer outra coisa que não seja criar comunidades e exercer o ministério. Tudo flui a partir deste lugar. Tudo o que Jesus diz e faz nasce desta comunhão. Ouvimos as palavras dele: "Vocês todos creem que meu Pai jamais me deixará sozinho. Eu pertenço a meu Pai, e meu Pai pertence a mim". Em outro momento, Ele nos diz: "Meu Deus, meu Deus, por que você me abandonou?" Mas esta é uma prece Àquele a quem Jesus dá ouvidos. Uma comunhão em total escuridão. Ouvimos as últimas palavras ditas por Ele na cruz: "Em tuas mãos entrego meu espírito". Jesus morre para que esta comunhão nos seja oferecida. Esta é a comunhão que, no final, quando Jesus parte, torna-se a fonte de vida no Espírito que nos é dado por Deus.

Tenho comigo a réplica de uma imagem icônica: a "Santíssima Trindade", de Andrei Rublev. No século XIV, quando uma guerra eclodiu na Rússia, todos os monges de um grande monastério nos arredores de Moscou ficaram muito aflitos e tensos. Interromperam suas preces, preocupados com os atos de vandalismo que vinham ocorrendo. Também interromperam a comunicação uns com os outros. O abade do monastério pediu ao Monge Andrei que pintasse um quadro icônico, que pudesse trazê-los todos de volta para casa, ao estado de comunhão.

"Pinte para nós um quadro icônico, que possa nos trazer de volta ao lugar a que pertencemos", disse ele, pois a escuridão deste mundo estava destruindo a comunhão daquelas pessoas. Vocês se lembram do que sentiram no primeiro dia da Guerra do Golfo, enquanto assistiam à TV? Aquelas cenas colocam nosso coração em um estado de escuridão. Quando nos damos conta, viramos cúmplices dos atos a que estamos assistindo. De repente, nos damos conta de que nosso coração ficou embrutecido. Perdemos a comunhão. De repente, sentimos a fragmentação em nosso interior. Portanto, o abade diz a Andrei: "Pinte uma imagem icônica". Assim, ele pinta um ícone da comunhão de Deus.

Nessa imagem, três anjos visitam Abraão como um presságio da vida interior de Deus. Andrei Rublev pinta este quadro de modo que nos permite estar bem diante dele, contemplando aquela comunhão. Aquele é o lugar a que nós pertencemos. Estamos presentes ali e podemos ser elevados ao estado de comunhão com a Santíssima Trindade. Não estamos diante de uma mera ilustração da Santíssima Trindade, ou de um belo quadro a ser pendurado na parede. Aquele é um lugar em que devemos entrar, sentar diante dele, ser gradualmente tragados para dentro dele, de maneira que, a partir dele, você possa ser enviado de volta ao mundo e, falando sobre a paz, dizer: "Chega. Parem de praticar o mal. Chega de escuridão". A partir dali, daquele lugar de comunhão. Pois é justamente a comunhão perdida que cria as guerras e a violência que queremos deter.

Depois que desceu da montanha, Jesus reuniu seus discípulos e formou uma comunidade. É interessante constatar que, a cada episódio na história em que alguém realmente viveu em comunhão com Deus, criou-se uma comunidade em torno dessa pessoa. Grandes figuras, como Teresa de Ávila, Inácio de Loyola e Dorothy Day – ou então outras pessoas que vocês talvez tenham encontrado –, pessoas que vivem em estado de prece, para as quais a principal preocupação era estar em comunhão com Deus, estas pessoas construíram comunidades. Melhor dizendo: a comunidade surgiu ao redor delas.

Foi justamente neste contexto que surgiu minha Comunidade L'Arche. Jean Vanier não estava tentando fazer algo de grandioso, tampouco formar uma grande comunidade. Ele era simplesmente um homem numa autêntica busca por Deus. Convidou duas pessoas de seu círculo de amigos para viverem juntos em intimidade, como uma família. A partir deste convite, boa parte do que aconteceu foi muito além de sua expectativa e de seus desejos.

A comunhão se torna visível, e um processo vivido em comunidade. Eu mesmo vinha falando muito sobre oração, sobre comunidade e sobre comunhão, mas em meu íntimo sentia que não estava *vivendo* estas coisas. Nas universidades, às vezes é bem difícil realmente viver isso tudo. Você dá uma palestra sobre comunidade e, logo depois, volta para casa e começa a se sentir sozinho. Ou então fala sobre humildade, e logo na sequência pega-se imaginando o que os outros devem estar pensando a seu respeito.

Encontrando a comunidade

Começamos a perceber que comunhão e comunidade são duas coisas inseparáveis. Não sabemos exatamente onde nem como. Quando comecei a orar com uma profundidade muito maior, percebi que buscava um lar em Deus. Porém, de algum modo este lar em Deus tinha algo a ver com a maneira como eu conviveria com as outras pessoas. E foi assim que eu finalmente decidi vir para a L'Arche. Para vocês, o significado de comunidade talvez seja bem diferente do que é para mim: uma família, o círculo de amigos, as pessoas de minha paróquia, ou então uma comunidade mais formal como a nossa, a L'Arche Daybreak.

Um dos grandes desafios que enfrentamos é o de viver em comunidade como uma expressão da comunhão. Muitas vezes, a maneira como eu vivo em comunidade ou num relacionamento é fazendo exigências às pessoas: "Quero que você me ajude a superar minha solidão"; "Quero que você me ajude a me livrar de minhas aflições"; "Quero que você me ajude a me libertar dos anseios de meu corpo e de minha alma". Já cometi muitos erros nesta vida, ao abordar pessoas na expectativa de que elas me oferecessem a comunhão. Eu achava que isso equivalia à *comunidade*. Porém, na maioria das vezes o que eu realmente estava lhes pedindo era que me oferecessem a comunhão, uma sensação de integridade, uma sensação de segurança.

E, quando eu menos percebia, eu estava ferindo as pessoas. Quando você pede a outro ser humano que lhe dê a comunhão, e esta pessoa tem uma capacidade de amar muito limitada, você pode acabar se tornando inconveniente e manipulador, considerando que sua carência é grande. Você sai para o mundo em busca de comunhão e, ao voltar para casa, sempre se sente frustrado, em alguma medida.

Percebo a aflição em muitas pessoas que têm um enorme desejo de encontrar esta comunhão; de repente, elas acordam sentindo uma tristeza profunda. É inevitável que, sempre que esperamos receber de alguém a comunhão que somente Deus pode nos oferecer, haja alguma dose de tristeza. Somos tomados pela melancolia, e pelo sentimento profundo de que, sim, vínhamos alimentando uma grande esperança de receber esta comunhão, mas isso ainda não está acontecendo. Vivemos nossas vidas num eterno estado de esperança: "Vou tentar de novo. Quem sabe desta vez eu consiga". E o mundo em que vivemos manipula nosso desejo de encontrar a comunidade, nos sugerindo o tempo todo que isso ou aquilo finalmente trará a satisfação dos desejos mais profundos de nosso coração.

E esta é a grande sedução que o mundo nos apresenta: "Tente este caminho, ou aquele outro; no fim, você vai encontrar o que está buscando". Assim, continuamos tentando. E com isso nossa solidão só fica mais profunda. Isso acontece porque buscamos um amor que só pode ser oferecido por Aquele que criou dentro de nós o desejo de ter este amor. Portanto, quando me apego a pessoas ou a situações com este grande desejo, muitas vezes acabo percebendo que estou me prejudicando, em vez de me curar.

O que eu gostaria de lhes dizer é que, antes de mais nada, se o seu ponto de partida é um lugar de comunhão, se este ponto de partida é onde existe confiança e onde você é amado de modo incondicional, e se você está ciente de que a comunhão que mais deseja ter já lhe foi dada, então será capaz de se juntar a uma comunidade e conviver com outras pessoas de uma maneira que elas poderão lhe oferecer amor, afeto e cuidados, e poderá receber tudo isso com gratidão, como um sinal e um reflexo deste amor primordial.

Numa das primeiras experiências que tive quando cheguei a L'Arche, pessoas que não me conheciam, pessoas com uma capacidade de comunicação bastante limitada de repente me levaram à consciência da existência de um amor que já existia muito antes de alguma mão humana ter tocado a minha. Elas me colocaram em contato com o amor primordial que me oferece a comunhão. Trata-se da voz que diz: "Eu sempre amei você, com um amor infinito. Tenho olhado para você desde o início dos tempos. Sempre tive você em minhas mãos. Você é o meu filho. Você é minha filha. Você é meu amado". O mais impressionante é que, a partir do momento que entro em contato com esta voz, posso me juntar à comunidade e perceber que as outras pessoas podem me oferecer um grande apoio; mesmo com suas inúmeras limitações e fragilidades, elas me apoiam com base neste amor primordial.

Posso, então, finalmente amar, sem esperar retribuição. Finalmente posso dar sem necessariamente querer receber o mesmo de volta. Posso enfim me sentir um pouco mais livre quando estou rodeado das pessoas com quem acho difícil conviver o tempo todo. De certo modo, posso perdoá-las por elas não serem Deus. Posso perdoá-las por não atenderem a todas estas minhas expectativas, pois sei que o que elas me oferecem é apenas um vislumbre deste amor primordial. Sim, é verdade que muitas vezes tenho que viver este amor primordial em meio à escuridão, e que às vezes minha prece poderá parecer superficial e bastante árida. Mas quando eu estiver caminhando entre as pessoas, aos poucos poderei me dar conta de que tudo o que elas me oferecem, tudo o que me dizem e fazem para mim são pequenos vislumbres deste amor que eu conheço e no qual acredito.

Portanto, a comunidade é sempre uma vida de gratidão – é um modo de vida eucarístico, agradecer às pessoas pela sua bondade. Você pode então dizer: "Você é uma boa pessoa. Obrigado por me oferecer um vislumbre deste amor. Você me coloca em contato com este amor. Nós precisamos um do outro". A comunidade cristã é uma comunidade em que estamos sempre relembrando um ao outro sobre este amor primordial, embora não possamos substituí-lo. O casamento é justamente um relacionamento em que duas pessoas se juntam e têm a chance de mostrar um ao outro, o tempo todo, o amor que envolve a ambos, um amor maior do que cada um, individualmente, poderia abarcar. Este também é o princípio básico da amizade. Duas pessoas podem amar uma à outra numa profunda amizade, pois são capazes de ajudar-se mutuamente a reafirmar este amor maior, do qual não podemos tomar posse, muito embora possamos confiar e acreditar nele.

Eu também gostaria de compartilhar com vocês algumas ideias sobre a comunidade. Por um lado, a comunidade é uma maneira de expressar a comunhão. Mas ela também é o lugar para onde sou lançado de volta com uma intensidade espiritual, onde me vejo obrigado a me deparar com a necessidade de construir uma comunhão permanente com Deus. A comunidade é o lugar onde finalmente podemos entrar em contato com nossa verdadeira fragmentação. Ao compartilhar com vocês estas minhas experiências na L'Arche, o que tenho a lhes dizer é: por um lado, ali eu encontrei um lar. Encontrei amigos. Encontrei pessoas que realmente me amam e que posso amar, e isso é lindo. Por outro lado, isso tudo pode ser horrível!

Uma pessoa de nossa comunidade disse: "Eu odeio e amo este lugar". Isso é verdade. O que acontece é que, justamente no momento em que você se torna membro da comunidade, quando começa a formar amizades, quando cria uma profunda intimidade, sempre entra em contato com a fragmentação mais profunda que está dentro de você. Descobre suas feridas mais profundas. A comunidade tem o poder de expor suas dores. Só descobri isso depois de ter convivido alguns meses na L'Arche. Com seu espírito de abertura e seu jeito franco e direto de se expressar, as pessoas daquele ambiente tocaram minha sensibilidade, mas também tocaram em feridas profundas que eu havia escondido de mim mesmo em meio aos conflitos do cotidiano acadêmico. Quanto mais eu pude penetrar na luz da comunidade, mais evidentes ficaram para mim a minha própria raiva, meus ciúmes e meu medo de ser rejeitado.

E havia em mim uma dose considerável de desejos, dos quais eu sequer tinha consciência. Naquela comunidade, tive uma verdadeira experiência de amizade e amor comunitários, mas a convivência deu abertura a um lugar que abrigava feridas, e que eu nem ousava enfrentar. A comunidade é o lugar no qual não posso mais me esconder. Não consigo mais continuar jogando jogos com as pessoas com as quais compartilho uma verdadeira comunidade, tampouco comigo mesmo. A comunidade nos convida a nos despir da couraça que nos é oferecida por uma carreira bem-sucedida. Se eu recusar este convite, de alguma maneira alguém me arrancará esta couraça. Afinal de contas, estamos todos nus. "Ah, sim, você é um padre, e fala bonito! Só que... conviver com você é algo bem diferente!"

Eis o que eu gostaria que vocês compreendessem: nesta situação, um novo chamado torna-se visível: o chamado para que você seja paciente, para viver suas aflições, suas dores e sua escuridão de olhos abertos e, de certo modo, acolhê-las e com elas fazer amizade. Ser paciente significa viver plenamente o momento, saboreando a totalidade de quem você é, permanecendo no lugar onde suas dores são mais agudas. A comunidade traz a sua dor à tona e lhe diz: "Não fuja. Não saia mundo afora em busca de satisfação; fique onde está e viva plenamente os seus sentimentos, do início ao fim". Se você conseguir passar por este imenso desejo até que ele desapareça – mesmo sabendo que ele não poderá ser totalmente satisfeito – e puder confiar que não será destruído por ele, descobrirá que por trás dele existe algo que, no fim das contas, o conduzirá a uma nova vida.

Confie que se estiver disposto a percorrer todo este caminho, acolhendo suas dores e suas feridas, você será convertido; acontecerá uma *metanoia*. Manter-se firme diante da dor, tocá-la confiando que, se puder resistir a ela do início ao fim, encontrará uma nova vida. Este é o significado de *comunidade*. Se você a vive do início ao fim, encontrará uma nova vida. Este é o chamado que lhe é feito pela comunidade.

A comunidade o chama de volta à comunhão, uma comunhão que transcende as suas dores, mas que somente pode ser alcançada se você conseguir viver plenamente as suas dores, seus conflitos, feridas e solidão. Dia desses, um amigo meu deixou isso claro para mim: sem a coragem de viver isso tudo plenamente, agiremos como pessoas temperamentais. Hoje, nos sentimos bem. Amanhã, mal. Como as ondas do mar, que vêm e vão. Porém, a vida comunitária lhe faz o chamado para que viva suas aflições e dores até alcançar o âmago delas, e para manter-se firme neste lugar.

Deixem-me dizer isso com outras palavras.

Eu estava sozinho, e por esta razão decidi vir à comunidade. Porém, na comunidade descobri uma segunda solidão. Assim como acontece nos casamentos, ou nas relações de amizade, de repente você se dá conta de que, por trás da solidão superficial, com a qual se pode lidar tendo amigos, marido, esposa e a comunidade, há uma grande dose de solidão que não pode ser eliminada. Porém, devemos considerá-la como uma fonte de energia. Isso é algo muito misterioso. A partir de nossas dores, podemos encontrar uma nova vida. Existe uma solidão da qual não devemos tentar nos livrar. Existe uma segunda solidão que descobrimos na vida comunitária, nas relações de amizade e no casamento. Às vezes, você a descobre somente aos 40 ou 50 anos. Vejo muita gente que a descobre com um sentimento de angústia, e dizendo, como reação: "Oh, meu Deus, meu casamento!" Ou então: "Minha comunidade! Oh, não, vou ter que começar tudo de novo?!"

Você é capaz de encarar a segunda solidão como um lugar que o chama a uma comunhão cada vez mais profunda? Este caminho o leva de volta ao topo da montanha, para que você possa descobrir a comunhão em um outro nível, no qual existe uma nova vida para você. A sua solidão, quando é vivida plenamente, do início ao fim, poderá se transformar em uma plena sensação de bem-estar. O vazio de sua vida poderá se revelar como um "nada", e na forma de um relacionamento. A sua experiência de "não estar em lugar nenhum" poderá se revelar como um "estar aqui e agora"[11]. Este é um modo de descobrir, aos poucos, que justamente no lugar onde você é mais vulnerável, onde as suas dores são mais agudas, onde a sua pobreza é maior, é ali que Deus habita. Bem-aventurados os pobres. Bem-aventurados os que choram. Bem-aventurados os fracos.

Bem-aventurados são vocês, em sua pobreza. Bem-aventurados vocês que choram. Bem-aventurados vocês, em suas dores. A comunidade lhe permite entrar em contato com sua pobreza. Ela lhe permite descobrir suas deficiências e sentir seu luto e suas dores com maior profundidade. E você está sendo chamado a crer que é nesse lugar que Deus escolheu habitar. É a isso que damos o nome de opção preferencial pela pobreza que há em você. Jesus não disse "Bem-aventurados os que cuidam dos pobres". Ele disse "Bem-aventurados os pobres". Não disse "Bem-aventurados os que dão consolo aos que choram", mas "Bem-aventurados

---

11 Jogo de palavras com as palavras *"nowhere-ness"* e *"now-he-re-ness"* [N.T.].

os que choram". A comunidade lhe permite chorar, permite que você sinta sua pobreza, permite que você entre em contato com sua fragmentação. Os membros da comunidade mantêm-se firmes ao seu redor, lhe dizendo: "Não tenha medo. Não fuja. Confie que Cristo nascerá neste lugar".

Fazer esta escolha implica em um enorme gesto de confiança. Quero relembrá-lo que você tem o poder de escolher este caminho. Você pode optar por permanecer em sua pobreza, em vez de fugir e tentar um caminho diferente. Pode optar por experimentar sua solidão de uma nova maneira, e descobrir que, em meio a ela, existem bênçãos. Tenho convivido com pessoas que estão vivendo a dor de ter perdido amigos, maridos e esposas. Há muito tempo elas têm mantido distância de todo e qualquer contato social, e mostrado disposição de viver plenamente suas perdas. Elas confiaram que, ao viver plenamente esta perda, uma nova presença poderia surgir.

Após a morte de Jesus, seus discípulos choraram a sua perda. Porém, eles ficaram à espera da vinda do Espírito Santo, orando juntos. E quando você os vir naquele ambiente, e em estado de espera, verá que ali existe o medo, mas também há o apego deles à perda que tiveram. Eles viveram juntos a sua experiência de perda. E, à medida que deram ouvidos a suas dores, o Consolador surgiu e revelou a presença de Deus justamente no lugar onde suas dores eram mais agudas, onde eles se sentiam mais vulneráveis. Sinceramente, espero que vocês me compreendam, pois não é fácil dizer estas coisas. É justamente no lugar em que as suas dores são mais agudas que Deus os toca com maior profundidade, em seus pontos mais vulneráveis. É ali, em seu ponto mais frágil, que algo de novo pode nascer. Mas isso somente pode acontecer sob uma condição: que você viva esta experiência como o ser amado que é.

Se você se desconectar da verdade de que é um ser amado, de que é abençoado por Deus, todas estas rejeições e dores o conduzirão a um estado de escuridão e desespero. Somente na condição de ser amado é que você será capaz de acolher a sua fragmentação. Somente na condição daquele que é infinitamente abençoado por Deus é que você poderá aguentar firme e dizer: "Não vou fugir. Quero ser fiel às minhas próprias dores e reafirmar que minhas dores são um modo de eu ser quem sou". Isso é muito importante. Cada um de vocês que me ouve hoje, aqui, tem uma dor que está experimentando como algo único. E ela realmente é única. Você não precisa comparar sua dor com a de ninguém. A sua dor é a pior de todas; isto é sempre verdade [*risos na plateia*]. Isso é verdade pelo fato de ela ser algo tão íntimo. Ela é algo muito pessoal. Trata-se da sua própria dor.

Não é necessário que você diga: "Comparado com o que ela/ele está sofrendo, talvez o que eu sinto não seja tão ruim". Não, não. O que você está sofrendo é o lugar da sua dor. E é preciso que você diga: "Esta dor é minha", reivindicá-la como sua, manter-se firme a ela, fazer amizade com ela. Confie que se você permitir que esta dor se comunique plenamente com você, no fim das contas você perceberá que é ainda mais amado do que imaginava ser. É isso o que Jesus disse às pessoas no caminho para Emaús: "Seus tolos! Vocês não sabiam que o Cristo precisava sofrer, para com isso entrar em sua glória?" Desse modo, de repente a fragmentação se transforma no caminho. Mas minha intenção não é romantizar isso tudo. Não estou dizendo que a dor é uma coisa boa, que a dor só tem o lado bom. Se a dor significa um chamado, você deve aproveitar este chamado para ter uma comunhão mais profunda. Sim, você já está em comunhão com este Deus, mas está recebendo um chamado para se aprofundar ainda mais junto com Ele.

Eu lhes digo: quanto mais perto vocês estiverem da comunhão, mais próximos estarão da experiência de sua própria fragmentação. Quanto mais tempo se mantiverem firmes diante do Senhor que os chama de "meus amados", mais fácil será perceber que vocês ainda estão deixando de partilhar sentimentos e sensações com Deus, o seu amado, por ainda não confiarem plenamente Nele. "Mas o que faço com minha vergonha? Sinto uma enorme vergonha por isso que aconteceu, e não quero falar a respeito." Porém, você é um ser amado. "Sim, mas somente quándo eu sou uma boa pessoa."

"Quando eu demonstrar que sinto vergonha, continuo sendo um ser amado?" Sim, mesmo quando compartilho com vocês a minha fragmentação. E também quando compartilho os meus pesadelos, coisa que não faço com nenhuma outra pessoa. Ainda sou um ser amado quando exponho a verdade nua e crua diante de vocês. A voz de Deus diz a vocês: "Sim, vocês são meus seres amados".

Esta voz nos diz: "Vocês são abençoados por mim, e minha mão repousará para sempre sobre os seus ombros, e sobre o seu coração. Com este amor, eu toco em vocês. Mostrem-me tudo. Sou o seu Mestre, o seu Senhor, o seu amante. Não escondam nada de mim". Aos poucos, você descobrirá que na fonte do sofrimento pelo qual você não precisa passar está o fato de estar escondendo coisas de Deus, guardando-as em pequenas gavetas. Mas a cada vez que você abrir uma destas pequenas gavetas, o som desta voz se revelará com clareza: "Você é o meu ser amado. Você está sendo chamado para o topo da montanha, para estar em comunhão comigo".

9

A espiritualidade de uma comunidade

Esta palestra de Henri foi proferida em março de 1992 em um encontro na Universidade de Notre Dame organizado pelo Padre Don McNeill, e pelo Center for Social Concerns. Henri descreve a humanidade que compartilhamos como "a fraternidade dos fracos", considerando-a como o alicerce mais sólido sobre o qual a comunidade pode ser construída.

Eu gostaria de abordar com vocês uma espiritualidade de comunidade. E peço a vocês que lembrem destas três palavras, que considero importantes: afirmar, reivindicar e proclamar.

Primeiramente, somos constantemente convidados a afirmar nossa humanidade. E isso não é tão fácil. Para mim, certamente não é. Pois a definição de quem somos, dentre a maioria de nós, é:

"Você é a diferença que faz no mundo". Meu pai costumava me dizer isso: "Você é a diferença que faz no mundo. Mostre-me que você será diferente das outras pessoas. Mostre-me qual será a sua contribuição singular nesta vida. Mostre-me em que aspectos você é diferente dos outros".

Em certa medida, eu já carregava tudo isso dentro de mim desde muito pequeno. Sempre fui estimulado a me comparar com as pessoas a meu redor, na esperança de que eu acabaria me tornando alguém que fosse um pouco diferente, um pouco melhor. Mais bonito ou mais inteligente (e é claro que não consegui nada disso!).

Trata-se de uma preocupação básica que vocês têm, que todos nós temos, e que inclui a pergunta que sempre nos fazemos: "Que tipo de diferença eu faço?" É muito comum acontecer de cairmos na armadilha de pensar: "Eu sou a diferença que faço no mundo". E, se esta for a principal definição que atribuo a mim mesmo, acabarei sendo uma pessoa competitiva. Não me refiro, aqui, à saudável competição na qual nos envolvemos algumas vezes. Refiro-me àquilo que reduz nossa vida à necessidade de ser o vencedor de uma competição com os outros. Muitas vezes, as instituições acadêmicas colocam uma enorme ênfase neste aspecto. Às vezes, você percebe que está constantemente imaginando o que os outros devem estar pensando ao seu respeito. Alimenta uma constante preocupação em saber se você é melhor do que os demais, ou se, comparado a eles, suas notas são melhores.

Lecionei em universidades durante vinte anos. Acabei percebendo que esta maneira de viver me tornou uma pessoa muito estranha, interiormente. Nestes lugares, eu dava palestras sobre a humildade e nelas minha principal pergunta era: "O que será que as pessoas pensam sobre mim, e sobre minhas palestras? Será que elas gostam de mim?" Eu discursava sobre a vida comunitária e, na sequência, ao chegar em casa, me sentia solitário, pois não sentia vontade de compartilhar com os outros os meus problemas ou dificuldades. E eu me dizia algo como "É melhor que eu fique esperto, aqui". Naqueles lugares, eu me referia à vulnerabilidade como sendo uma verdadeira virtude que Deus me pediu para praticar. Porém, eu me percebi escondendo meu lado vulnerável, a fim de que eu pudesse competir melhor.

O que eu gostaria de dizer é: existe uma definição de quem eu sou, completamente diferente. É a seguinte: "Eu sou a semelhança que compartilho com os outros. Não sou a diferença que faço no mundo, mas a semelhança que compartilho com os outros". De algum modo – e creio que tanto vocês quanto eu sabemos disso –, temos um número muito maior de semelhanças do que de diferenças. Imagino que vocês já tenham vivido esta experiência. A nossa humanidade, nossa identidade essencial, não está tão enraizada naquilo que nos diferencia. As semelhanças que nos unem são muito mais numerosas que as diferenças.

E é muito importante termos a coragem de afirmar nossa semelhança como fonte de nossa humanidade, de nossa identidade. Eu sou como as outras pessoas, e isso é digno de celebração. É isso que torna a vida maravilhosa. Alguns de vocês já devem ter ouvido falar de Thomas Merton. Ele sempre teve o grande desejo de ser diferente, até que entrou para um monastério. Depois de vinte anos de oração, ele foi enviado a Louisville, em Kentucky, para resolver alguma pendência na cidade. Ele caminhava pela rua, observando as pessoas, quando de repente disse: "Uau, eu sou como todos os outros!" Depois de vinte anos de oração, percebi que sou exatamente como todo mundo! Isso é maravilhoso! Todos brilham, como o sol. Todos os seres humanos fazem parte de minha humanidade. De repente, fui tomado por uma sensação interior de pertencimento. Eu pertenço! Sou parte da vida! E, na essência, sou como qualquer outra pessoa.

Esta é a fonte da alegria. Trata-se de uma experiência muito mais profunda. Meu principal estilo de vida deixou de ser a competição (na qual tento me comparar aos outros), e tornou-se a compaixão. Isso significa que estou *sofrendo com*. Este é o sentido original da palavra latina: *compatior*. Sofrer com, ser parte de. E isso não é motivo para sentir-se deprimido, melancólico, com um peso nas costas; é exatamente o contrário.

Sempre que você realmente se sente parte das alegrias, das tristezas, das dores, da fragmentação das pessoas, em meio à sua marginalidade e a seus conflitos, uma fonte de alegria brota dentro de você, à qual talvez você nunca teve acesso antes. Isso ocorre pois o mundo em que vivemos nos diz constantemente: "Alegre-se com aquilo que diferencia você dos outros". E o Evangelho nos diz o tempo todo: "Alegre-se com as semelhanças entre você e os outros, pois é isso que faz de você parte de uma humanidade comum". Esta humanidade comum, com toda a sua fragmentação e suas alegrias, é a humanidade que Deus decidiu assumir.

Este é o principal movimento do Evangelho. Não se trata de um movimento ascendente, mas de um movimento descendente. Em outras palavras: tornar-se como os outros e identificar-se em suas semelhanças, em sua solidariedade, em sua conexão com eles, em sua sensação de pertencimento; e neste processo experimentar a alegria, a paz, o amor e a sensação de bem-estar. A meu ver, é nisso que consistem nossas comunidades. Não se trata de uma ideia estranha a vocês. É nisso que consiste a família. É nisso que consiste a amizade. É nisso que consiste a vida comunitária. Trata-se de passar da competição para a compaixão.

Tenho nítidas lembranças de quando eu trabalhava na universidade, uma universidade em Cambridge, Massachusetts, que estimulava muito a competição, que me estimulava a ser diferente. Foi ali que Jean Vanier me convidou a fazer parte de uma comunidade. Suas palavras não foram "Já que você é um padre, Henri, poderá ser útil em nossa comunidade. Temos muito trabalho para você na L'Arche. Talvez fosse bom se você se juntasse a nós". Não, o que ele disse foi: "Como você está constantemente em busca de um lar (ele certamente havia lido alguns de meus livros!), talvez a gente possa lhe oferecer um lar. Quando você conhecer os membros permanentes[12] da L'Arche, pessoas como a Linda, que sempre recebe as pessoas com afeto e generosidade, de braços abertos – quando

---

12 No original, *"core members"*: referência aos membros que têm algum tipo de deficiência, e que compõem o núcleo da comunidade [N.T.].

isso acontecer, talvez você possa encontrar um lar neste lugar". Quando pisei pela primeira vez na L'Arche, ninguém me conhecia, nem sabia de minha vida profissional anterior. Mas de algum modo eu senti que era bem-vindo, muito bem-vindo. Mas não pelo fato de eu ser capaz de fazer alguma diferença. Senti-me bem-vindo porque ali eu podia ser o membro de uma família.

Quando respondi àquele convite, a comunidade logo me fez perceber que eu não sou a diferença que faço no mundo; que eu sou a vida que compartilho com os outros. De repente, percebi que algumas das pessoas com as deficiências mais graves em nossa comunidade, pessoas incapazes de falar, como Adam, por exemplo, ou pessoas incapazes de andar ou eram totalmente dependentes da ajuda alheia, no início eu as via como pessoas diferentes. E, de fato, elas são diferentes de mim. Porém, à medida que o tempo passava, em nossa vida juntos, percebi que as diferenças eram realmente muito pequenas, comparadas a todas as semelhanças que temos em comum. E o fato de Adam ser incapaz de falar, ou de Rosie não poder andar, significa uma diferença muito pequena, comparada à humanidade que temos em comum.

Em várias situações, pude perceber que as pessoas com as mais graves deficiências têm uma incrível capacidade de ampliar, em mim e em todos os que ali chegam vindos de uma sociedade competitiva, o espaço do amor. O espaço no qual podemos sentir a compaixão, onde estamos com os outros, onde podemos compartilhar a vida. É claro que isso não se aplica apenas à nossa comunidade. Trata-se, aqui, de um episódio relatado no Evangelho. Neste episódio, a alegria e as bênçãos estão justamente no lugar onde compartilhamos nossa pobreza com os outros.

Jesus não disse: "Bem-aventurados os que cuidam dos pobres", mas "Bem-aventurados os pobres". Somos bem-aventurados em nossa pobreza, na fragmentação que nos une, em nossa humanidade comum. É por isso que, quando se convive um tempo maior na L'Arche e em comunidades como esta, você logo percebe que as pessoas que o convidaram a se juntar ao grupo, os membros permanentes que lhe estão dando boas-vindas, são pessoas com um tesouro a lhe oferecer. Você não está ali para ajudá-los. Acima de tudo, você está ali para receber um pouco da alegria espiritual que nasce do reconhecimento de que você e eles são iguais. Não há grande diferença entre vocês.

Linda e eu talvez sejamos muito diferentes em alguns aspectos superficiais, mas quando se trata de nossas alegrias e nossas dores, ambos sofremos do mesmo jeito. E, quanto mais tempo você convive em uma comunidade como a L'Arche, maior é a clareza com que percebe que as dores e as alegrias aqui são compartilhadas, e que somos todos muito semelhantes. Portanto, o primeiro passo consiste em afirmar nossa humanidade comum. A seguir, perceber que as fronteiras entre as pessoas incapazes e as demais, entre os idosos e os jovens, são muito tênues, comparadas à realidade cotidiana. Quanto mais envelheço, mais claro fica para mim que sou igualzinho a muitas outras pessoas que eu sempre considerava tão diferentes de mim.

De repente, percebi que as profundas dores que as pessoas têm em suas vidas, a sua fragmentação, a sua desorientação e sua sensação de não pertencimento não são diferentes das minhas. Surge então, a partir disso, uma sensação de verdadeira alegria que se origina no pertencimento à família humana. Esta era o primeiro aspecto que eu queria abordar.

O segundo é: tão logo você afirma que nosso chamado essencial está na compaixão, em vez da competição, de que modo você vive tal compaixão? A vida comunitária é o lugar onde ela acontece. Na família, nas amizades, na comunidade. É nestes meios que a reivindicação acontece. Você deve seguir reivindicando esta compaixão, pois com frequência você a perde. Eu a perco com frequência. Tenho sentimentos de ciúmes, ressentimentos, raiva e irritação, pois me sinto rejeitado. "Por que você não me pediu um conselho?" "Por que você não me disse isso antes?" Coisas banais deste tipo.

A vida comunitária não é algo fácil. A comunidade é o lugar onde vive a pessoa com quem você tem menos vontade de conviver. Há sempre aquela pessoa sobre a qual você se diz: "Se esta pessoa não morasse aqui, este lugar seria maravilhoso". Porém, ela sempre estará por perto de você, ousando fazer a você o lembrete sobre o chamado à compaixão. O que eu gostaria de lhes dizer é que a comunidade é a fogueira onde nossos corações são purificados para poderem penetrar cada vez mais fundo em nossa humanidade comum. O convite e o desafio que nos são colocados é conseguir reivindicar isso tudo plenamente. As duas maneiras pelas quais podemos fazer isso são o perdão e a celebração. É deste modo que o amor atua nas comunidades.

Perdão e celebração. Estas duas palavras são importantíssimas. Pois, no íntimo de nós mesmos, nosso desejo é fugir da ideia de que somos iguais. Isso nos traz insegurança e uma grande ansiedade. E então nos percebemos novamente tentando provar nosso valor pelo fato de que estamos sendo bem-sucedidos em algo. Seguimos afirmando a nós mesmos que somos boas pessoas pois os outros falam bem a nosso respeito. Ou então olhamos para nossas posses e bens, e nos dizemos: isso tudo é a prova de que somos pessoas maravilhosas.

Quando você vive em comunidade, recebe o chamado para enraizar sua identidade em um lugar muito diferente. E, para que possa fazer isso, deve continuar vivendo uma vida de perdão: perdoar as pessoas por elas não corresponderem às suas expectativas; perdoá-las por não lhe atribuírem a sensação de que você é importante, algo que você sempre busca. Esta é uma tarefa árdua, pois nossa insegurança nos faz sempre querer ser melhores que os outros. Temos que tentar permanecer ancorados em nossa humanidade comum. Perdoar as pessoas por suas limitações, e pedir a elas que nos perdoem pelas nossas. Pois o que você descobre ao viver numa comunidade é que as suas deficiências são iguaizinhas às das demais pessoas. A sua deficiência talvez seja menos visível, mas ela existe. Na verdade, quanto mais tempo você convive em uma comunidade, mais fácil fica perceber a sua própria fragmentação, suas próprias limitações. Às vezes, é preciso que você diga: "Meus amigos, vocês vão ter que me aguentar. Minha personalidade não vai mudar muito. Posso até tentar, mas é bem provável que eu precise expressar esta raiva numa próxima vez. E sei bem que você talvez se comporte do mesmo jeito comigo, numa próxima vez. Eu não tenho que obrigar você a ser diferente. Tenho que aceitar as suas limitações".

Temos realmente que acreditar que a comunidade é a "fraternidade dos fracos". Trata-se de uma fraternidade de pessoas dispostas a ser constantemente vulneráveis em relação às demais. Confiar que, mediante uma contínua postura de perdoar o outro por ele não ser tão forte ou por ser pior do que imaginávamos, ao lhe pedir perdão por também não sermos desta maneira, as bênçãos começarão a surgir de dentro de nós. A beleza disso tudo é que sempre que consegue perdoar o outro desta maneira, você consegue celebrar.

Celebração significa exaltar os presentes recebidos na vida. Este é o significado de celebração. Não se trata simplesmente de recompensar as pessoas que são especiais. É isso que o mundo à nossa volta e a sociedade como um todo muitas vezes fazem. Se você for melhor do que os outros, então poderá celebrar. Porém, realmente celebrar, no sentido espiritual da palavra, significa celebrar a fé, as amizades, a vida, mas também celebrar as dores. Significa exaltar as dores e dizer a elas: "Sim, vocês me machucam, mas estamos juntos". A L'Arche é uma comunidade onde ocorrem uma enorme variedade de celebrações. Não estou falando de festas, mas de celebrações em que nos reunimos e compartilhamos as coisas que estão acontecendo em nosso meio. Reconhecemos a presença do outro e dizemos, por exemplo: "Você já mora aqui há *x* anos. Vamos fazer uma reunião especial para falar de sua vida e compartilharmos nossas histórias".

A comunidade é o lugar onde somos continuamente chamados a exaltar os talentos, os dons e os presentes alheios. Não apenas os talentos individuais de cada um, mas os presentes que nos são dados em forma de amizade, de paz, de alegria, de dores ou de sofrimento. Às vezes, isso tudo fica mais visível quando nos envolvemos com as pessoas. Portanto, seguimos celebrando isso juntos. Por exemplo, num certo dia um membro da comunidade recebe o diagnóstico de Alzheimer: devemos ficar tristes com esta notícia, ou perguntar: "De que modo podemos cuidar dele de um modo especial, e celebrar este novo chamado para cuidarmos do outro?"

Há momentos em que alguns dentre nós precisam de uma atenção especial, ou de receber uma assistência especial numa determinada circunstância. Podemos reconhecer esta necessidade e celebrá-la juntos, em vez de encarar isso como um fardo adicional. Ao fazer isso, estaremos sempre reivindicando a humanidade que compartilhamos. Quanto mais tempo convivemos, mais visível esta humanidade se torna. O tempo de convívio mais prolongado não facilitará as coisas, necessariamente. Pelo contrário, o convívio pode ficar até mais difícil, como acontece num casamento ou na amizade entre duas pessoas. Porém, ele se torna mais profundo. De repente, você se percebe unido à pessoa em um nível mais profundo.

Por último, quero lhes lembrar que, como membros de uma comunidade, precisamos não apenas afirmar nossa humanidade, e reivindicá-la, mas também proclamar esta humanidade. Este é um dos motivos pelos quais estamos aqui reunidos. Sinto-me feliz por não estar sozinho aqui, mas ao lado de membros de minha comunidade. Quando eu trabalhava na universidade, também tinha que dar muitas palestras, e viajar para vários lugares. As pessoas então costumavam me dizer: "O que você nos disse aqui hoje é maravilhoso", referindo-se a isso como se aquilo fosse uma conquista individual minha. Estou cada vez mais convencido de que, na condição de uma comunidade de pessoas que compartilham uma humanidade comum, estamos sendo chamados a proclamar esta humanidade, onde quer que estejamos.

Vou lhes contar uma pequena história a esse respeito.

Eu já morava na Daybreak há mais de um ano, quando fui convidado a dar uma palestra a um grupo de padres em Washington, D.C. Tratava-se, ali, de padres de "alto escalão", reunidos em um enorme hotel em Crystal City, na Virginia. No hotel havia um grande salão de festas, fontes, estátuas, e todos aqueles padres com suas vestes pretas e colarinhos brancos estavam reunidos ao redor de mesas. Algumas semanas antes, eu perguntei a um deles: "Posso levar comigo um rapaz de minha comunidade? O nome dele é Bill". Na Daybreak, perguntei a Bill: "Você não quer me acompanhar em minha viagem a Washington, onde tenho esta palestra para um grupo de padres?" Bill disse: "Ótimo, vamos lá". Durante nosso voo a Washington, Bill me pergunta: "Henri, nós vamos dar esta palestra juntos?" Na hora, pensei: "O que será que ele quer dizer com isso?" Mas só respondi: "Sim, claro, Bill".

Então, fui apresentado à plateia e, bem na hora em que eu caminhava na direção do púlpito, Bill levantou-se de seu lugar na plateia, subiu ao palco, colocou-se detrás do púlpito e do microfone, e disse: "Nós vamos dar esta palestra juntos". Bill começou a mexer nas páginas onde eu havia feito minhas anotações. Eu havia escrito o texto inteiro para poder ler na hora, pois estava bastante nervoso. Então pensei: "Agora eu tenho que dizer a estas pessoas algo que as faça refletir, pelo menos por um tempo". Logo comecei a falar, e todos me ouviam muito atentamente. Não lembro exatamente o que eu dizia, mas fez-se um silêncio total no salão. Foi quando Bill interveio e disse: "Bem, eu já ouvi todas essas coisas antes".

Esta frase foi como uma alfinetada em meu balão. Só que o mais interessante foi que, daquele momento em diante, as pessoas da plateia tiveram a certeza de que nós estávamos juntos naquele trabalho. Tivemos uma acolhida muito calorosa. De repente, o clima de exagerada importância que estava sendo dado àquele encontro se alterou: transformou-se em um encontro de pessoas normais, que compartilhavam seus pontos vulneráveis. À primeira vista, algumas me pareciam intimidadoras e inacessíveis, mas de repente nós dois percebemos que todos ali éramos pessoas com fraquezas. Na verdade, Bill é quem se deu conta disso. Eu não consegui chegar a esta percepção. Com sua simplicidade, Bill foi capaz de revelar primeiro a mim e, logo depois, às pessoas ali reunidas, de que em nossa palestra não revelaríamos nenhum grande mistério. Estávamos ali para proclamar nossa humanidade comum. Precisamos fazer com que os padres ali reunidos pudessem sentir isso por meio da conexão entre Bill e mim.

Portanto, a L'Arche é uma comunidade cuja intenção é proclamar nossa humanidade comum por meio de pessoas que talvez estejam à margem de nossa sociedade, ou que pelo menos não estão totalmente integradas a ela. Estas pessoas nos oferecem um grande presente ao nos ajudar a reivindicar juntos nossa humanidade comum. É por isso que quis enfatizar estas três palavras para tratar da ideia essencial que nos define: *afirmar* nossa humanidade comum, *reivindicá-la* na comunidade, e *proclamar* nossa humanidade comum onde quer que estejamos. Muitas vezes, será mais fácil fazermos esta proclamação em comunidade, na companhia dos pobres de espírito.

Oremos. Agradecemos, Senhor, por nos ter reunido aqui. Agradecemos pelo fato de sermos membros de sua família, seus filhos e filhas amados. Ajude-nos a afirmar isso tantas vezes quantas forem necessárias, a de que pertencemos a Vós, na condição de pessoas fragmentadas, pessoas fracas, mas que juntas podem se tornar fortes e proclamar o seu amor. Ajude-nos a realmente vivermos com esta consciência de que é bom estarmos juntos. Essa sensação de pertencimento é uma coisa boa. É bom sermos humanos nos dias de hoje, nesta época. Ajude-nos a sentir gratidão por isso. Ajude-nos a buscar uma comunicação com os outros a partir de um lugar de semelhanças, de um lugar de solidariedade. Transforme-nos em pessoas verdadeiramente compassivas.

10

De um coração de pedra para um coração vivo
A conversão na comunidade

Henri ministrou esta palestra – texto inédito – sobre a conversão na vida comunitária em um retiro que reuniu assistentes da L'Arche em Stratford, Ontário, em 6 de dezembro de 1995, cerca de nove meses antes de falecer.

Quero hoje falar com vocês sobre a constante necessidade de conversão que todos temos na vida. Da conversão de um coração de pedra para um coração vivo. Não estou me referindo a uma conversão que ocorre uma única vez e, pronto, está consumada, mas de um desejo constante de permitir que um coração de pedra se transforme em um coração vivo. Como seria para nós uma conversão destas? De que modo estamos sendo chamados para ela? De que modo ocorre este chamado em nossas comunidades L'Arche?

Gostaria também de abordar algumas práticas específicas de disciplina que talvez lhes sejam úteis para que continuem este processo de conversão. Quais são as práticas que poderão lhes permitir dar continuidade a este processo? Você poderá dizer: "Sim, eu adoraria me converter, mas não sei como". Portanto, é preciso que você saiba um pouco mais sobre o *como*, e também sobre *o quê*. Para começo de conversa, *o que* realmente queremos? Se você não tem este desejo, tudo o que dissermos em relação ao *como* não terá a menor utilidade.

A conversão é um tema central em todos os escritos bíblicos. Neles, podemos ler sobre a transformação a partir do interior, a transformação de um coração de pedra em um coração vivo. Em toda a Bíblia esta ideia está presente. Deus nos diz: "Vocês têm um coração endurecido. E eu venho para lhes dar um novo coração. Quero que vocês recebam este novo coração". Portanto, é importante compreender qual é a ideia essencial por trás disso. Trata-se, aqui, de imagens sobre como encaramos a vida e de que modo devemos seguir buscando esta transformação.

É preciso ter a honestidade suficiente para se perguntar: "Existem partes de mim que estão enrijecidas, que não são nada flexíveis, partes paralisadas?" A seguir, vou falar de três modos pelos quais nosso coração pode se enrijecer. O primeiro deles é a autorrejeição.

A *autorrejeição e o coração enrijecido*

É preciso que você olhe dentro de si mesmo e se pergunte: "Eu amo a mim mesmo?" Posso garantir que há muitas pessoas no mundo que dizem sobre si mesmos: "Não gosto muito de quem eu sou. Eu queria muito ser outra pessoa". Ou então: "Ela (Ele) sim, é uma pessoa maravilhosa. Queria tanto ser como ela (ele)". Há momentos em que você se dá conta de que, embora as pessoas gostem de você, você não gosta de si mesmo. Temos aqui um grande problema. Muitos dizem: "Ah, Nick é um cara maravilhoso! Ah, se eu fosse como ele...!" Ou: "Queria tanto ter uma família como a dele". Mesmo no melhor de seus dias, Nick poderia comentar: "Hum, não sei se você gostaria tanto disso..." Portanto, a pergunta que se coloca é: Julgamo-nos como pessoas insatisfeitas e infelizes? Isso não quer dizer que tudo que fazemos seja maravilhoso e perfeito. A questão é: somos felizes do jeito que somos? Pois muitas vezes a dificuldade é que sempre dizemos que outro alguém é melhor que nós ou que a vida do outro é mais interessante. Você diz, por exemplo, que leva uma vida infeliz, insignificante e sem-graça. E que gostaria de viver num outro lugar.

Por mais estranho que isso possa parecer, é aí que mora o coração enrijecido. Você não está satisfeito consigo mesmo. "Ame teu próximo como a ti mesmo". Porém, isso será difícil se você não conseguir amar a si mesmo, se não estiver bem consigo mesmo, e capaz de dizer: "Sim, sou uma pessoa feliz. Sou Henri, e estou cansado, irritado e ansioso. Estou sempre correndo para todo lado. As pessoas fazem piadas a meu respeito, mas tudo bem. No fundo, sou feliz por ser quem sou. Às vezes, consigo até mesmo apreciar estas piadas, pois estou feliz em ser quem eu sou". Porém, se você não gosta de si mesmo, quando alguém faz piada a seu respeito, ou quando o critica, você talvez diga: "Acho que sou mesmo um inútil, eles devem pensar que não tenho valor nenhum". Bem, se você não se sentir bem em relação a si mesmo, logo se sentirá usado pelos outros.

O que vou lhes dizer agora talvez não fique claro de imediato: se você não ama a si mesmo, se rejeita a si mesmo em seu coração, dizendo: "Sim, todos gostam de mim, mas na verdade eu me sinto péssimo", logo começará a ter ressentimentos; é muito provável que comece a achar que as pessoas o estão usando e maltratando.

Se você não tem um profundo respeito por si mesmo, se não sabe verdadeiramente quem é, se não é capaz de dizer: "Estou bem e posso contribuir para o mundo de alguma maneira", poderá se sentir como um escravo, como alguém sem grande importância aos olhos dos outros; logo começará a ter ressentimentos, com o coração enrijecido. Gostaria que vocês compreendessem que se trata, aqui, de uma situação bastante concreta, especialmente quando se convive o tempo todo numa comunidade.

Em sua comunidade, espera-se que você ajude as pessoas, que cuide delas e que lhes dê assistência. Porém, se você não se sente bem consigo mesmo, logo começará a sentir que as pessoas a quem está ajudando estão usando você, que estão manipulando você de variadas formas. O modo como elas o tratam reflete a própria imagem que você tem de si. Dia desses, eu conversava com uma enfermeira, numa casa de repouso. Ela me dizia: "Sabe, esta situação é bem difícil para mim. Meus pacientes estão sempre reclamando, me usando, e me pedindo: 'Enfermeira, venha aqui, faça isso, faça aquilo, me traga um copo d'água etc.' E estão sempre fazendo algo pra me irritar".

Dependendo como você enxerga a si mesmo, poderá se sentir como um capacho. Isso poderá soar estranho, mas se você não sentir segurança em relação à sua vida interior, logo o comportamento manipulativo das pessoas a seu redor tomará conta deste lugar delicado dentro de você. Não estou dizendo que a manipulação não existe. Não estou dizendo que as pessoas não usam você; mas que você *se sente* usado e manipulado. Quando isso acontece, você se torna uma pessoa ressentida, irritadiça e amargurada. É preciso que você entenda o mecanismo deste processo; caso contrário, continuará insistindo na ideia de que os outros devem mudar seu comportamento e, em certa medida, isso é verdade. Porém, se você não se sente bem consigo mesmo, se não se sente realmente livre, então se transformará na pessoa que *acha* que é. Se você achar que é um capacho, e que está sendo usado pelos outros, você se transformará neste capacho.

Muitas vezes ouço pessoas dizendo: "Se você me conhecesse de verdade, não gostaria de mim". "Se os outros soubessem o que estava passando pela minha cabeça, se soubessem o que eu estava sentindo, diriam: 'Mas que pessoa horrível!'" Você pode passar a aparência de que está bem; mas se não for capaz de amar o que há dentro de si mesmo, continuará a alimentar a autorrejeição. Tente se perguntar se isso tudo é válido em seu caso particular. Este é um aspecto do coração enrijecido, que tende a levá-lo para o fundo do poço, não apenas no modo como você se relaciona consigo mesmo, mas nos relacionamentos com os outros.

A competição e o coração enrijecido

A segunda coisa que eu gostaria de dizer é: o coração enrijecido é sempre competitivo. Ele está sempre tentando competir com os outros. Dito de modo mais simples: tentando *se comparar*. Você está sempre se comparando com os outros. Com isso, seu senso de identidade acaba ficando muito dependente de como você se compara. Sou melhor que os outros? Mais eficiente? Mais bonito? Mais inteligente?

Em nossa sociedade, damos uma enorme importância à competitividade. Dê uma espiada nos jornais. Quais são os assuntos das reportagens? Este rapaz aqui é bastante eficiente, aquela ali é feia. Pessoas bem-sucedidas no mundo dos esportes ou do entretenimento, crimes e escândalos. Você raramente encontra textos sobre a vida de uma pessoa comum: isso não interessa a eles.

No final das contas, você acaba recebendo notícias que vão justamente ao encontro dos interesses do leitor: em que aspectos as pessoas são diferentes dele, de que modo elas se destacam. Competimos demais. E uma criança, quando vai à escola pela primeira vez, está numa fase em que se mostra muito sensível: "O que será que os colegas acham de mim? Será que gostam de mim? Eu vou ter algum amigo ou amiga, aqui?" As pessoas estão sempre testando e avaliando a si mesmas. Isso é próprio da condição humana. Se você se sente inseguro, sempre vai querer saber como você é comparado aos outros.

"Eu sou a diferença que faço no mundo. Eu sou diferente de você." Quando você vive de modo competitivo, começa a pensar em termos de "eu e os outros". Ou de "meu e seu". Isso parece banal, mas já faz parte de nossa convivência diária. "Tenho o direito de fazer isso. Quero ter aquela mercadoria, porque meu colega também conseguiu comprar." Com isso, logo você começa a sentir a competição em seu coração. Em sua vida interior, você começa a se perguntar: "Quanto ele está ganhando? E eu, quanto ganho?"

"Quanto de atenção deram a ele, e quanto deram a mim?" Desse modo, palavrinhas como "meu" e "seu" tornam-se muito importantes. E isso não se limita a posses, mas também ao tempo, à atenção, aos afetos. "As atenções estão todas voltadas para ele." "Quando caminho ao lado dos membros permanentes da comunidade, todos ficam sempre falando a respeito deles, 'eles têm uma personalidade tão especial...' mas e eu? Quem fala a meu respeito? Não sou ninguém." Ouvimos relatos do tipo: "Ah, ela parece uma pessoa tão meiga... Mas se a conhecem melhor, saberiam como ela é inconveniente... Às vezes fico irritado: as pessoas parecem que nem me enxergam".

Além disso, às vezes entro em competição até mesmo com nossos membros permanentes. E aqui surge a raiva. Isso tem algo a ver com a competição, com o sentimento de que, no meio de uma luta, estamos perdendo.

A produtividade e o coração enrijecido

O terceiro aspecto que pretendo discutir, relacionado ao coração enrijecido, é o tema da produtividade. Temos o desejo de ser pessoas produtivas. Queremos dizer: "Eu produzo algo, algo a que eu posso me apegar". Este aqui é o benefício, os resultados que obtive com meu trabalho. Me refiro aos resultados concretos. O mundo em que vivemos tem um enorme interesse em resultados concretos. Por exemplo: "Quanto você ganha por mês?"

Você costuma ouvir coisas do tipo: "Trabalho praticamente 24 horas por dia, e recebo um salário menor do que o atendente do balcão no McDonald's. Estou disposto a dedicar todo o meu tempo ao trabalho com as pessoas deficientes, mas se eu ganhasse um salário mensal de R$ 10 mil, pelo menos eu teria algum tipo de retribuição. Poderia juntar dinheiro para comprar uma casa, uma moto e algumas outras coisas. No fim, eu teria alguma coisa. A minha vida é produtiva. Eu vou conseguir ganhar e juntar um dinheiro". Ou então: "Conheço várias pessoas – médicos e psiquiatras – que ganham rios de dinheiro trabalhando muito menos que eu. Eles saem para o trabalho às nove e chegam em casa pouco depois das cinco. Jantam, passam um tempo com a família, vão juntos ao cinema, a um *show*. São muito bem-vistos por seus colegas médicos e psiquiatras. Enquanto isso, nós, pessoas comuns, nos sacrificamos o dia inteiro, e não temos nem mesmo um salário decente". Este é um exemplo de coração enrijecido.

Não apenas o dinheiro, mas também outros bens palpáveis, tudo isso acaba ganhando uma enorme importância. Acabamos ficando envolvidos com as posses, com as coisas. Isso porque os relacionamentos com as pessoas não estão nos satisfazendo. O foco está centrado no dinheiro, nas posses e nos objetos. A partir do momento que meus relacionamentos não me satisfazem mais, passo a me interessar por algo a que eu possa me apegar. Tenho um irmão que sempre demonstrou, em toda sua vida, um enorme interesse pela produtividade. Eu havia publicado vários livros, e a única pergunta que ele me fazia era: "Quantos exemplares este livro já vendeu?" Eu lhe perguntava: "Você já leu?" Ele dizia: "Ah, não, não. Quanto você já ganhou de direitos autorais com esta publicação?" É isso que mostra como você é importante, e que você é produtivo: "Meu irmão já publicou trinta livros! Já é um escritor *best-seller*!" Mas quando lhe perguntam "Você já leu estes livros?", a resposta é: "Eu, não. Mas isso não importa".

É interessante. Até mesmo meus sobrinhos e sobrinhas dizem: "Henri está desperdiçando seu tempo, trabalhando com pessoas deficientes. Ninguém presta muita atenção nele". Até que, mês passado, fui convidado a integrar o júri de um grande festival de música. Eles então me viram no palco, ganhando buquês de flores, presentes e garrafas de vinho. De repente, aos olhos de meus familiares, eu tinha "chegado lá", tinha alcançado o sucesso. Agora, sim, eu era uma pessoa produtiva. No início, o que diziam era: "Ah, ele só trabalha com pessoas deficientes numa instituição qualquer no Canadá".

Portanto, se você considerar estes três aspectos – a questão da autorrejeição, que faz com que a gente se sinta usado; a competitividade, que nos traz uma grande preocupação com o que é "meu" e o que é "seu"; e a produtividade, cujo foco está nos objetos e no dinheiro –, poderá perceber que toda esta dinâmica pode ser resumida em uma expressão: a institucionalização da vida.

O Evangelho e a comunidade

Porém, a essência da mensagem cristã está em dizer que, em vez disso tudo, nosso interesse está na comunidade. E a ideia central na qual a L'Arche está fundada contraria e critica esse estilo de vida competitivo e baseado na produtividade. Competição e produtividade não podem ser a essência de nossa vida. Se isso ocorrer, seremos parte de um mundo que constantemente alimenta tensões, guerras e conflito. Pois, se você reunir a autorrejeição, a competitividade, a ambição e a produtividade compulsiva, o resultado disso, no plano internacional, será o conflito e as guerras. Comunidade significa dizer, acima de tudo: nós somos pessoas, somos filhos de Deus, amados e escolhidos por Deus. Esta ideia está no âmago de tudo que temos como perspectiva para as comunidades L'Arche.

Isso significa que, embora em alguns momentos meu ânimo não seja dos melhores, no fundo de meu coração sei que sou o filho amado de Deus. Sei que, na camada mais profunda de mim mesmo, estou bem. Sou uma boa pessoa, pois Deus me criou. Portanto, viverei de acordo com esta verdade.

Trata-se, aqui, do oposto de autorrejeição. E isso é muito importante. Se tiver uma profunda percepção de sua própria beleza, de sua bondade, do quanto você é amado, você não se sentirá usado. As pessoas que estão em contato com a própria bondade não se sentem usadas. Isso não quer dizer que eventualmente elas não sejam usadas. Mas elas não permitem que isso seja a causa determinante de suas emoções.

Elas são livres. Conseguem dizer: "Não vou permitir que você me use", ou então "Preciso lhe dizer algumas coisas..." Se você for uma dessas pessoas, poderá eventualmente ser usado por alguém, e simplesmente sorrirá diante do fato. Em outras situações, você corrigirá a atitude da pessoa que o usou. Em outras vezes ainda, dirá: "Esta sua atitude não me faz bem. Ela não é boa para mim, mas temos liberdade em nossas práticas, e isso é o que importa". E quando você estiver trabalhando junto com as pessoas, cuidando delas ou então conversando com um dos cuidadores, poderá dizer: "Sim, percebo que esta pessoa está muito carente, e está se comportando de modo inadequado nesta situação".

Como um passo inicial, você pode olhar para a bondade que está nas pessoas. A seguir, pode ir além da ideia de que "elas são meus pacientes", "meus clientes", ou "um grupo de pessoas a quem devo dar assistência, já que este é meu emprego". Esta é uma maneira institucional de pensar. Se você estiver realmente em contato com sua bondade e seu bem-estar, conseguirá enxergar que há algo de bom nestas pessoas. Poderá, então, evocar esta sensação, de um modo que lhe permita enxergar a bondade delas de modo tão verdadeiro quanto a sua bondade é para você. A partir daí, os relacionamentos começam a acontecer.

O Evangelho, a compaixão e a comunidade

Este é o primeiro aspecto. Em segundo lugar, somos todos irmãos e irmãs. Isso talvez pareça óbvio. Porém, num mundo bastante competitivo, isso não tem *nada* de óbvio.

Em um mundo competitivo, centramos o foco nas diferenças. Porém, o Evangelho não está se referindo à competição; pelo contrário, refere-se à compaixão, "com paixão". *Paixão* como sinônimo de sofrimento. *Estar junto das pessoas que sofrem.*

Em outras palavras, penetrar esta paixão e sofrer junto de quem está sofrendo. A competição é o oposto disso. Não significa ser como as pessoas que sofrem, mas ser diferente delas.

Portanto, trata-se de uma jornada espiritual de imensa importância, a descoberta de nossa cura ter como ponto de partida o local onde a alegria está enraizada. Não nos aspectos em que somos diferentes dos outros, mas naqueles em que nos assemelhamos. Eis uma situação frequente: vindo da escola ou da universidade, chego em casa e comento: "Olhe só, fui recompensado: tirei nota A!" Que maravilha! E por que isso é maravilhoso? Porque todo o restante da classe tirou nota B. Se todos os alunos da classe também tivessem tirado A, o que haveria de especial na minha nota? Este é o espírito de competição.

Considerável parte de nossa assim chamada "felicidade" tem origem nisso. Nas recompensas, no fato de sermos ligeiramente diferentes. E o que o Evangelho está dizendo, todos os grandes santos estão dizendo, o que todos os cristãos estão dizendo, e todo o espírito da L'Arche está dizendo é: a verdadeira felicidade não resulta do fato de sermos diferentes, mas de sermos iguais.

Um rapaz chamado Dean me aborda e diz: "Eu sou da Holanda". Eu digo: "Ah, é? Eu também sou da Holanda". Começamos a conversar, e então percebo que temos muitas coisas em comum. E nos divertimos muito ao descobrir estas coisas.

Imaginem, agora, o quanto de redescoberta existe ao constatarmos o que temos em comum, em nossa humanidade compartilhada e em nossa vulnerabilidade. "Uau! Você também é um ser humano como eu! A mesma matéria, formada de carne e osso! Você nasceu do mesmo jeito que eu! Foi criado da mesma maneira que eu. Você sofre do mesmo jeito que eu. E você vai morrer, assim como eu também vou. Maravilha! Isso nos dá entusiasmo!"

Acredito que a verdadeira felicidade não está em sermos diferentes, mas em sermos iguais, no sentido das frases acima. Esta é uma grande verdade espiritual. Alegrar-se com o fato de sermos humanos. Jesus tornou-se humano justamente para nos ajudar a reivindicar nossa humanidade como o maior dos presentes. Nosso maior presente não está no fato de você ser negro e eu, branco, tampouco no fato de você ser holandês, caribenho ou norte-americano. Nada disso traz entusiasmo. O que nos dá entusiasmo é que nossas diferenças não são mais do que claras expressões das semelhanças que compartilhamos, de algum modo. Há diferentes formas de sermos humanos, todos somos humanos, e se reivindicarmos esta condição, seremos capazes de celebrar as diferenças. O ponto essencial é que todos somos humanos. E Deus ama a humanidade. Foi por isso que Ele se tornou humano: para acolher toda a humanidade em seus braços.

Somos irmãos e irmãs nos relacionando com intimidade e compromisso. Este é o princípio essencial da L'Arche. Posso denominar alguém de "pessoa com deficiências", porém esta é a menor das diferenças, o fato de ela ser ou não capaz de falar, de andar ou de não andar, na comparação com o fato de que todos nascemos, todos nós somos pobres e frágeis, e que todos vamos morrer.

Assim que começo a entrar em contato com estas semelhanças, posso começar a receber os presentes, os dons e talentos únicos que você pode me oferecer. Pois você conhece coisas que eu não conheço. Ou então seu sorriso é bem diferente do meu. Ou ainda consegue reunir as pessoas a seu redor de uma maneira que eu não sou capaz. Estas diferenças não têm uma natureza competitiva; são apenas diferentes cores de uma mesma realidade. É nisto que se resume a essência da compaixão. Compaixão significa: quero estar com você nos aspectos que nos assemelham. A cura, o conforto e a consolação nascem deste estado.

Isso é muito verdadeiro, pense nisso: volta e meia encontro pessoas com problemas terríveis, diante dos quais eles se sentem impotentes. Constatamos, também, que os membros permanentes de nossa comunidade não estão melhorando sua condição de vida. Eles são deficientes, e sempre serão.

A beleza deste processo é: não estamos sendo chamados para consertar o outro, para curar o outro, mas para estarmos juntos, confiando que, ao estarmos juntos como irmãos e irmãs, curamos uns aos outros. Na L'Arche, esta ideia é essencial. Há uma natureza terapêutica na postura de reivindicarmos nossas semelhanças. A sua deficiência me coloca em contato com a minha. Ao me sentir em plena paz comigo mesmo, também coloco você em contato com a sua paz e com o seu bem-estar. Mesmo que você seja incapaz de falar, de andar, ou dependa de alguém que lhe dê comida durante as refeições. Porém, em um sentido mais essencial, você é tão amado por Deus quanto eu. E eu confio nisso. Você é meu irmão. Você é minha irmã. De fato, você e eu somos iguais. Portanto, quero estar junto com você. Confio que se estivermos juntos no sofrimento, nas fragilidades, nas limitações, a verdadeira cura também acontecerá.

Ora, nosso mundo não tem o menor interesse pela verdadeira cura. Nosso mundo está interessado na cura que se entende como *eliminação da doença física*. Há uma grande diferença entre ambas.

Um médico pode eliminar sua doença por meio de diferentes remédios. Isso fará com que você se sinta melhor. Sociólogos e psicólogos cumprem uma função social, e isso é bom. Não há, necessariamente, nada de errado nisso. Porém, o chamado essencial que recebemos na vida não é o de eliminar a doença. E por que não? Porque cedo ou tarde você morrerá, de um jeito ou de outro. A eliminação da doença não é uma grande conquista. A grande conquista está em cuidar. *Cuidar* significa "ter compaixão". É a mesma palavra. Na língua celta, *cuidar* significa *ter compaixão*. A essência de todos nós está em cuidar. Estarmos juntos em nossas fragilidades, confiantes de que a alegria, a paz, a esperança, o perdão e a celebração emergem a partir deste cuidado. Assim como todos os presentes que nos curam. É assim que enxergo a L'Arche. Esta é a essência desta comunidade.

Reunir as pessoas, viver juntos, fazer parte de uma família e nos alegrarmos com nossa vida comunitária. E permitirmos que esta alegria seja vista como sinal de esperança para o mundo. Não estamos fazendo isso apenas para nós mesmos, mas para o mundo inteiro.

Humanidade compartilhada, presentes e talentos compartilhados

Algumas semanas atrás, eu estava na Holanda. Fui convidado a dar uma palestra na Conferência Europeia sobre o Retardo Mental. Muitos participantes de terno e gravata, carregando pastas e documentos. Parecia uma reunião de representantes da ONU, com delegados da Áustria, França e vários outros países. Aquilo tudo me impressionou um pouco. Quase dava para esquecer que ali estavam reunidos profissionais que trabalham com pessoas que têm uma deficiência mental – embora não houvesse sequer uma delas por perto. Houve exibição de filmes e apresentação de palestras. E, nos comunicando em francês e em alemão, debatemos a importância da análise estrutural sobre o ponto que havíamos atingido até então, e como precisávamos de mudanças sistêmicas. Com isso, quero somente lhes dar uma ideia do que foi aquele evento. Aquilo não era uma comunidade de pessoas. Reunidas ali estavam pessoas com um cargo profissional, com ótimos salários, administrando instituições bem-sucedidas, mas que não alimentavam a menor crença de que as pessoas com deficiência pudessem oferecer algo a quem quer que fosse. Elas pretendiam normalizar tais pessoas. "Elas têm o direito de andar; têm o direito de ter relações sexuais", diziam.

Porém, em nenhum momento admitiam que as pessoas com deficiências tinham algo a lhes oferecer. E muito menos que elas tinham algo a oferecer à sociedade como um todo.

Portanto, o que eu ouvia naquele ambiente era algo como: "Estas pessoas têm deficiência, e isso é muito triste. Somos um grupo humanitário e, já que somos um grupo humanitário, cuidaremos delas da melhor maneira possível. Talvez teria sido melhor se elas sequer tivessem nascido. Porque, sabe, talvez esta seja a solução. Pois pense bem: se hoje em dia já é possível saber, durante a gestação, que o bebê nascerá com uma deficiência, os pais não têm mais a necessidade de seguir adiante com a gravidez. Já podemos impedir que isso aconteça, e assim não será mais necessário manter o funcionamento de todas estas instituições".

E a razão pela qual as pessoas pensam desta maneira é justamente o fato de elas não acreditarem, em seu íntimo, que os membros permanentes, as pessoas com deficiência para as quais elas trabalham, são essencialmente um presente que se oferece ao mundo, para nos ajudar a nos distanciarmos do tipo de vida a que me referi anteriormente. Estas pessoas não acreditam, de fato, que as pessoas com deficiência são nossos irmãos e irmãs, iguaizinhos a elas próprias; que, em última instância, as pessoas com deficiência são irmãos e irmãs que pertencem a uma mesma humanidade e que, portanto, têm algo de valioso a nos oferecer.

A *fertilidade como resultado da vulnerabilidade*

O terceiro aspecto é: somos todos pais e mães. Não somos apenas filhos de Deus, e irmãos e irmãs. Somos pais e mães. Isto significa que nossa vida está recebendo um chamado, não para ser produtivo ou bem-sucedido, mas para ser fértil.

A fertilidade é o resultado da vulnerabilidade. Os frutos nascem quando as pessoas se mostram vulneráveis umas com as outras. Quando um homem e uma mulher dormem juntos e têm uma relação sexual, estão nus e vulneráveis. Despiram-se do sentimento de poder e se juntaram numa relação de intimidade, e deste modo podem gerar frutos. No caso de uma comunidade, se nos reunirmos em torno dela e formos honestos, sem a necessidade de fazer joguinhos, abandonando nossas pretensões, poderemos gerar frutos.

Se você for uma pessoa forte e poderosa, e mantiver distância dos outros, talvez seja capaz de criar um produto. E há muitos produtos que podem trazer sucesso e riqueza. Porém, desta maneira a sua vida não será frutífera. É por meio da fragilidade e da vulnerabilidade que a sua vida poderá gerar frutos.

Quando uma pessoa se inscreve no grupo dos Alcoólicos Anônimos e em seu programa de doze passos, ela costuma dizer: "Sou alcoólatra e me sinto desamparado. Preciso da ajuda de Deus e da ajuda de vocês". De algum modo, ao confessar esta fragilidade, sem mostrar qualquer pretensão, é possível construir uma comunidade, e reafirmar nosso poder de cura.

É como o terreno no exterior deste edifício. Se o solo estiver congelado, a terra não dará frutos. Você terá que parti-la em pedaços. É um processo doloroso, mas só assim ela dará frutos. A vida de Jesus é uma vida fértil. Não é uma vida bem-sucedida. Jesus não teve o menor êxito em sua vida. Acabou pregado numa cruz, sendo humilhado pelas pessoas ao redor, que riram dele. Porém, acabou se revelando fértil, pois, de algum ponto de um coração partido jorraram sangue e água; em outras palavras: uma nova vida e uma nova esperança.

O desejo da Comunidade L'Arche não é ser bem-sucedida, é ser *fértil*. A L'Arche precisa ser fértil se quiser sobreviver, se quiser viver. A comunidade precisa ser fértil no sentido de que precisamos estar juntos em um espírito de vulnerabilidade, confiando que, ao fazermos isso, os frutos brotarão.

Pode acontecer, em muitos casos, de tais frutos não serem visíveis para vocês. Isso é algo que me impressiona em Daybreak. Quando as pessoas chegam para nos visitar, nem sempre estamos em nossos melhores dias. Mas é incrível a frequência com que as pessoas dizem coisas do tipo "Fui curado porque vim a um lugar onde as pessoas são tão sinceras, com tamanha disposição para compartilhar seus conflitos".

Ontem mesmo, Sue Mosteller e eu terminamos de dar um curso na Escola de Teologia de Toronto. Reunimos trinta e seis alunos vindos de cinco faculdades diferentes. Gord Henry, membro permanente que tem a Síndrome de Down, era um dos membros do corpo docente. Na última aula, as pessoas choravam e diziam coisas como "Esta foi a aula mais importante que já tivemos", "Este curso realmente mudou nossas vidas". Então perguntei a eles: "Por quê? Os outros professores são tão bons quanto nós". E as principais respostas incluíam comentários do tipo "Porque vocês são muito vulneráveis. Estão dispostos a compartilhar seus conflitos. Vocês deixaram claro que também não são pessoas que estão sempre bem, mas, em sua vulnerabilidade, nos transmitem esperança e convicção. E, de algum modo, vocês também nos dão a permissão para sermos vulneráveis. Conseguimos entrar em contato com nossa fragmentação e encontrar nela as sementes da esperança".

Aqui está a diferença: "Vocês nos deram a permissão de formar uma comunidade aqui, nesta mesma turma de alunos". Alguns começaram a fazer piadas a respeito disso. Pois alguns alunos disseram: "Nunca sentimos tanto o espírito de comunidade como neste grupo de alunos". Então refleti e disse: "Meu Deus, então este grupo não era exatamente uma comunidade, não é?" Mesmo assim, as falas deles deixavam claro que a maneira como eles conversavam, e o trabalho com pequenos grupos criaram espaços para que as pessoas se sentissem à vontade para dividir seus problemas.

E por que isso acontecia? Porque, de algum modo, Gordy, Ben, Sue e eu estávamos juntos. E estávamos juntos de uma maneira que levava as pessoas a comentar: "Eles não têm nada a esconder uns dos outros". A partir de então, pessoas começaram a se perguntar: "E nós, o que temos a esconder uns dos outros?" O que quero dizer é: por que temos que manter esta imagem de alunos inteligentes e bem-sucedidos, ir atrás de diplomas, mestrados, doutorados, e deste poder todo? O que realmente importa é que somos pessoas férteis. Jesus disse: "Gerem frutos". Portanto, estas são as três dimensões: somos filhos de Deus, somos irmãos e irmãs, e somos pais e mães. Pais e mães no sentido de que geramos frutos. Vocês são pais e mães porque produzem frutos nas vidas dos outros. Temos filhos, sejam eles filhos materiais, biológicos ou espirituais. O padre é uma pessoa que equivale a seu pai ou a sua mãe, gerando frutos na vida das pessoas.

É a isso que estou dando os nomes de "novo coração" e "coração vivo". O coração vivo não é caracterizado pela autorrejeição, mas pela autoaceitação. Pela compaixão e não pela competição. Pela fertilidade e não pela produtividade. É isso que cria a comunidade. E logo você se dará conta de que sempre está em algum ponto intermediário entre estes dois níveis. Nunca está numa comunidade perfeita ou somente em uma instituição. Já me deparei com várias comunidades que estão vivendo este conflito: "Nós queremos ser uma comunidade mais integrada. Devemos continuar praticando a autoaceitação, a compaixão e a fertilidade?"

As disciplinas na comunidade

E de que modo podemos colocar em prática as disciplinas necessárias para transformar corações de pedra em corações vivos, seja para indivíduos ou então para as comunidades? Fique atento, esteja alerta, esteja desperto. Esteja pronto. Ouça.

A disciplina consiste em estar atento àquilo que necessita de conversão. Não se trata de um chamado exterior; ele vem de dentro. De que maneiras podemos manter o contato com os anseios, com o desejo de conversão? Conheço muita gente que não demonstra a menor vontade de ser convertida. O fato de você querer ser convertido é, em si, um sinal de que existe algo que você anseia, e que sabe que lhe está faltando. E se você realmente estiver vivendo esta tensão, está alimentando seus anseios. Se em você não há nenhuma tensão, se você não tem qualquer anseio, começa a agir como inúmeras pessoas que acabam ficando desmotivadas e entediadas. Para elas, a vida é uma imensa rotina.

"Nada me anima. Nada faz com que eu me sinta vivo." Muita gente passa a vida dizendo estas frases. Portanto, esteja atento. A atenção é o objetivo interior da conversão. Isso tem a ver com estar atento à voz de Deus em meio à sua vida de oração.

A oração e o anseio por ser amado

A oração é o lugar que lhe possibilita entrar em contato com sua condição de ser amado. Não sei se vocês já passaram pela experiência de ir a uma festa maravilhosa e, então, ao chegar em casa, sentirem uma enorme frustração. "Não foi tão animado quanto eu imaginava. Não atendeu às minhas expectativas."

É muito comum termos anseios que projetamos numa pessoa, numa reunião ou numa festa. Ao chegar em casa, você se diz: "Falta alguma coisa. Esta pessoa, aquele filme, aquela peça de teatro, a pessoa com deficiência com quem eu estava namorando, esta reunião na L'Arche – tudo isso é muito bacana, mas eu preciso de algo mais. Meu coração deseja mais. Meu coração anseia por um amor que não me pode ser oferecido por nenhum ser humano, nenhuma festa, nenhum membro permanente da comunidade. Mas não é fácil ficar em contato com este anseio, pois ele é doloroso. Você deseja algo importante, que lhe falta. Orar significa justamente ir ao lugar onde você possa dizer: "Deus, não estou satisfeito. Preciso de mais amor, e somente Tu podes me oferecer este amor".

"Preciso ouvir que Tu és um Deus que me ama de maneira incondicional, que 'criou o íntimo de meu ser e me teceu no ventre de minha mãe'. Realmente és o meu Deus, que pode satisfazer os meus desejos."

Mas aqui é preciso termos cautela. Não estou me referindo a algum sentimento maravilhoso e terno que sempre nos envolve. A oração é a afirmação feita a você mesmo e a Deus de que somente Deus pode atender às suas expectativas – mesmo que isso não lhe traga todos os sentimentos que você deseja. Isso é muitíssimo importante. Você precisa amar a si mesmo, e superar sentimentos de autorrejeição. É somente quando você sabe que é amado que pode amar a si mesmo. Amar a mim mesmo significa que eu me sinto acolhido e abraçado, e por isso estou bem. Sou capaz de amar a mim mesmo porque sou bem-amado, e isso tem uma dimensão espiritual. Não se trata de algo emocional, nem mental. É espiritual. Isso significa que a natureza disso transcende até mesmo o momento de seu nascimento e de sua morte.

A oração e a solitude na comunidade

Antes de mais nada, quero lhes fazer uma pergunta: Em que momentos de sua vida vocês estão com Deus, e somente com Ele? Onde está a sua solitude?

É muito importante haver em sua vida momentos em que você está sozinho com Deus. Em alguns dias, isso pode se limitar a cinco minutos. Ou dez minutos. Mas pergunto: há momentos em meio à sua atarefada rotina em que você para e diz: "Aqui estou, esta pessoa carente, solitária, angustiada e confusa, diante de ti. Quero ouvir novamente que Tu me amas. Caso contrário, eu talvez me sinta completamente perdida. "O Senhor é meu pastor, nada me faltará." Embora eu deseje *muitas* coisas, o Senhor é meu pastor. Portanto, quero reafirmar esta verdade. A verdade é que, no sentido mais profundo destas palavras, tudo de que eu preciso já foi dado a mim. Esta é uma verdadeira disciplina, pois tudo que nos cerca nos deixa ocupados, mesmo que seja com coisas boas.

A segunda pergunta que eu gostaria de lhes fazer se refere à sua comunidade. Até que ponto vocês se mantêm em um constante estado de oração a Deus, de modo que sua percepção de comunidade seja nutrida diariamente ou semanalmente? Parece-me que vocês já fazem suas reuniões periódicas, nas noites de segunda-feira, mas quero insistir nesta pergunta. Pois tenho a forte sensação de que se vocês têm a intenção de ser uma comunidade cheia de vitalidade, é preciso que a oração coletiva esteja muito presente nesta comunidade. Não me refiro, aqui, a algum ritual em particular. Em que momentos vocês se reúnem e realmente escutam de Deus que Ele os ama não apenas enquanto indivíduos, mas como uma comunidade? Vocês estão recebendo este chamado juntos. Não estão juntos por um acaso, por estarem, por exemplo, em busca de um emprego.

Não há problema algum em vocês estarem juntos, mas a finalidade não somente é esta. Não basta ter um diálogo como: "Olá, tudo bom? Por que você veio para a L'Arche?" "Bem, eu não tinha muito o que fazer, e ouvi falar bem da L'Arche." Em alguns casos, isso até pode ser verdadeiro, mas é apenas acidental. Esta é uma situação em que Deus os chama para estarem juntos. Na condição de comunidade, é preciso que vocês reivindiquem a sua identidade espiritual, singular e coletiva. E é preciso que esta identidade continue sendo renovada.

Para mim, isso é importantíssimo. Na Daybreak, por exemplo, começamos a celebrar diariamente uma Eucaristia. Bem, talvez vocês não consigam fazer a mesma coisa. Para nós, isso ganhou uma importância enorme, e vital. Entre quarenta e cinquenta pessoas se reúnem diariamente durante meia hora. E durante esta meia hora algum membro da comunidade (que não seja eu) toma a palavra para fazer uma pequena reflexão sobre o Evangelho.

Juntos, temos a oportunidade de dizer: "Quero que Tu saibas que pretendo viver este meu dia fiel à visão... Talvez eu não faça isso de um modo perfeito, mas quero anunciar isso a ti". Assim, diariamente temos alguns momentos em que nos reunimos como uma comunidade. Mas esta reunião não inclui todos os 120 membros da comunidade. Mas, em algum momento, todos comparecem. Na maioria das vezes, somos quarenta ou cinquenta.

Basicamente, em meio à estrutura de nossa vida comunitária está presente a ideia de que nos reunimos para "reformular nossa visão", e orar a Deus. Em seu caso particular, talvez vocês tenham que adotar um novo formato para chegar a este objetivo. Não quero, de jeito nenhum, lhes dizer que formato será este: trata-se de algo para vocês refletirem a respeito: "De que modo podemos renovar nosso sentido coletivo de fazermos parte do corpo amado de Deus? Isso é muito importante. Cada um de vocês deve ter algo a dizer, alguma contribuição a oferecer para saber como fazer isso, não importando há quanto tempo você vive na comunidade.

Nas reuniões da comunidade, às vezes será necessário usar palavras duras. "Para mim, é difícil amar as pessoas com deficiência. Isso é muito difícil para mim, mas eu quis trazer esta confissão a vocês, diante do grupo". Ou talvez você diga: "Ontem, participei de uma reunião, e ali aconteceu uma coisa que, de repente, me inspirou". E isso não será bom apenas para você; será bom que os outros o ouçam dizendo estas coisas. É preciso que, com frequência, diária ou semanalmente, você anuncie diante do grupo as pequenas graças que recebe de Deus, e as compartilhe com todos. Deste modo, vocês poderão perceber, juntos, que algo está acontecendo no grupo. E isto é lindo. Portanto, por um lado, uma vida de orações implica em solitude, em interromper nossas atividades diárias, em estar sozinho. Por outro, em continuarmos nos reunindo como um único corpo, para nutrir nossa vida comunitária.

Cada um de vocês deve ser capaz de dizer: "Preciso de alimento. Preciso ser nutrido, seja pelas palavras, seja pela Eucaristia, ou por alguém que me dá a oportunidade de refletir. Não posso viver sem essas coisas". A L'Arche é uma comunidade com intenções firmes; só é possível manter uma comunidade quando o grupo está firmemente empenhado em orar coletivamente. Caso contrário, tudo acaba se limitando a uma rotina diária repleta de atividades e de tarefas.

A oração como parte de uma vida em comunidade é uma disciplina, uma disciplina individual e uma disciplina comunitária. Na condição de um corpo, você é responsável por si mesmo e pelos membros permanentes, mas também pelo futuro.

Talvez a sua estadia na L'Arche dure dois anos, cinco anos, ou mesmo seis meses, mas você faz parte de algo maior, pertence a algo que pretende existir para as próximas gerações. Daqui a dez anos eu talvez esteja morto, mas a Daybreak estará aqui. E eu quero fazer algo na Daybreak que permitirá a esta comunidade ter uma continuidade. Pouco importa quanto tempo você estará por aqui: você é parte de uma comunidade que deseja progredir, é parte de uma perspectiva maior, é parte de um processo de nutrição, é parte da espiritualidade, de modo que a comunidade possa se sentir amada, e que seus membros possam ser amados. Portanto, esta é a primeira disciplina: atenção a Deus por meio da oração e da solitude em comunidade.

Atenção ao momento

A segunda disciplina é a atenção ao momento presente. Na vida espiritual, há uma afirmação muito simples: Deus está sempre aqui e agora. Nossa dificuldade é que muitas vezes nossa mente está no passado, nos trazendo sentimentos de culpa ou de vergonha em relação ao que já aconteceu. Ou então ela está no futuro, trazendo-nos preocupações em relação ao que ainda virá. Raras são as vezes em que estamos juntos, aqui e agora. Portanto, a pergunta é: Neste exato momento, você está aqui?

Enquanto você estiver realmente aqui, algo poderá acontecer. Não há problema se você se pegar pensando: "Agora são três da tarde, e depois desta palestra vou poder ir àquele lugar, e amanhã vou poder fazer aquela outra coisa". Porém, se estes pensamentos ocupam a totalidade de sua mente, você não está aqui. Você está lá. Enquanto você estiver realmente aqui, Deus conseguirá fazer seu trabalho. Se você fosse capaz de estar plenamente aqui, o teto sobre nossas cabeças explodiria, tamanha a energia que haveria neste edifício. Se vocês e eu estivéssemos plenamente aqui, e em nenhuma outra parte, este edifício inteiro explodiria com esta concentração de energia. Esta é a essência do Espírito Santo. Porém, você e eu geralmente estamos divididos, em muitos lugares ao mesmo tempo. Enquanto vocês estiverem aqui, Deus estará fazendo algo novo, renovando seus corações, remodelando vocês. Portanto, a pergunta a fazer não é: "O que vamos fazer amanhã?" ou "Como eu posso usar este objeto ou esta estratégia?", mas "Estamos plenamente neste lugar, ou com a máxima intensidade de que somos capazes?" Esse "estar" nunca é perfeito, sempre terá limitações. Mas há um aspecto em que a L'Arche mostra ter um ponto forte: o momento mais importante para a vida em comunidade são os horários das refeições.

Os horários das refeições em comunidade

Estes são momentos em que vivemos a comunidade uns com os outros, ao redor de uma mesa. Todos estão ali, reunidos. Às vezes acendemos uma vela ou então preparamos um arranjo de flores, em outro momento alguém canta uma canção ou faz uma oração, e ali não temos pressa. Neste momento, não comemos apenas para encher o estômago e então retornar para o trabalho. Estamos comendo juntos em comunidade, para estarmos juntos em volta do mesmo alimento, e para nutrir a nós mesmos – não apenas fisicamente, mas emocional e espiritualmente. Portanto, se vocês não têm estas práticas em sua comunidade, pode ser interessante voltar com frequência a esta pergunta: "Estamos nos alimentando bem, juntos? Ou nossas refeições já são como as que acontecem nas redes de *fast-food*?"

Posso dizer que conheço uma família ou uma comunidade pela maneira que as pessoas se comportam à mesa. Esta maneira pode ser uma atmosfera de paz. Ou algo maravilhoso. Ou então me sinto bem-vindo àquele lugar. Porém, se todos ao redor da mesa estiverem assistindo à TV, se houver gente apressada para atender chamadas de telefone, então nenhuma das pessoas está realmente presente ali. Portanto, faremos todo o possível para garantir que todos estejam realmente presentes ali, que não estamos fazendo outras coisas como telefonar, ouvir o rádio, ou assistir à tevê. Aquela é uma hora sagrada. E em nossa cultura pouquíssimas famílias conseguem fazer isso. Não é uma prática natural em nossa cultura. Por exemplo: ontem mesmo, em meu caminho para cá, passei no McDonald's e comprei um hambúrguer para viagem.

Há um *slogan* publicitário que diz "Você pode fazer do jeito que quiser[13]". Isso descreve bem a nossa cultura. É o símbolo de nossa cultura. Não se trata de convidar as pessoas a criar uma comunidade. Portanto, esteja atento ao momento presente, celebre os momentos em que está fazendo refeições com as pessoas. Quando estiver conversando com uma pessoa, esteja realmente com ela. Não é fácil dar-se conta de que estes momentos são sagrados. A questão principal não é quanto tempo dura este contato. Mesmo que seja por apenas cinco minutos, ou meia hora. A questão é: "Com que intensidade?" Se você vai visitar uma pessoa que está no

---

13 No original, *"You can have it your way"*, que também pode ser traduzido por "você pode ter acesso a este produto do jeito que quiser" [N.T.].

hospital, à beira da morte, e disser: "Me desculpe, só posso ficar dez minutos", isso é horrível. Porém, se você tem apenas dez minutos disponíveis, mas está totalmente presente naquele encontro, está tudo bem.

Simplesmente esteja lá, atento, durante dez minutos. Então, no momento em que você for embora, a pessoa poderá dizer: "Ele veio me visitar. Esteve verdadeiramente comigo e então foi embora. Mas ele continua presente comigo, em espírito". Não importa quanto tempo durou o contato, mas se a sua presença ali foi plena.

Naquele momento, você está transmitindo à pessoa a mensagem de que, para você, ela é a pessoa mais importante no mundo. E está dizendo: "Quero que você saiba disso, e quero estar aqui com você. Aqui e agora, Deus está com você, conversando com você. Quando meu tempo acabar, posso ir embora". Se você estiver plenamente presente com a pessoa, você também poderá se desapegar dela.

Esta pessoa no hospital está plenamente presente. Você pode encomendar a alma dela a Deus, e então retomar suas atividades cotidianas. Talvez precise ir ao supermercado e dar atenção às compras. A seguir, talvez tenha que ir à igreja, e dar atenção a este momento. Logo depois, às tarefas domésticas. De todo modo, você está tentando estar presente no lugar em que está, fazendo o que precisa fazer. O mais importante aspecto da espiritualidade na L'Arche é: tudo o que se faz ali é sagrado. Deus pode estar com você enquanto você lava suas roupas ou lava a louça. A diferença entre uma mulher que simplesmente cumpre as tarefas domésticas e uma serva do Senhor não está naquilo que elas fazem, mas na plena presença com que esta faz seus trabalhos.

Eu saio para fazer compras, e você também. Eu lavo minhas roupas, você lava as suas. Será que ambos fazemos estas atividades mostrando a Deus que estamos presentes, ou estamos somente cumprindo tarefas? A diferença está aqui. Na vida cotidiana. Bem ali, na vida comum e cotidiana, na vida oculta da L'Arche, Deus pode estar muitíssimo presente. Isso se chama disciplina, uma verdadeira disciplina.

Vá aos lugares onde está a pobreza

A terceira disciplina é: sempre vá aos lugares onde está a pobreza. Vá aonde os pobres estão. Mas a palavra *pobre* nem sempre se aplica ao contexto econômico. Não necessariamente se refere às pessoas sem-teto. Porém, de alguma forma, vá aos lugares onde as pessoas são pobres, e onde você mesmo é pobre, pois é nestes lugares que você será abençoado e bem-aventurado. Jesus não disse: "Bem-aventurados os que cuidam dos pobres", mas "Bem-aventurados os pobres". Portanto, talvez você seja um destes pobres. Sua esposa ou seu marido talvez sejam o pobre, em um determinado instante. O que quero dizer é: não tenha medo de ir a lugares onde as pessoas estão sofrendo. No plano espiritual, sempre que você vai a lugares onde há feridas ou pobreza, encontrará luz. Encontrará esperança. Encontrará alegria. Encontrará paz. Encontrará tudo que sempre desejou. Não evite os lugares onde há sofrimento, vá até eles.

Lembro-me de algumas conversas que tive com pessoas muito ricas. Como costumo pedir a todos que encontro, eu dizia: "Me conte mais sobre o seu trabalho". Mas elas logo se mostravam entediadas quando falavam nisso. Porém, se eu pedir "Me fale sobre o seu coração. Me fale sobre as coisas que você está vivendo", esta pessoa que, de alguma maneira, é rica e bem-sucedida profissionalmente, terá a chance de dizer: "Bem, isso tem sido difícil para mim, recentemente. Meus colegas de trabalho e eu não estamos nos dando bem". Ou então: "Às vezes me pergunto se as pessoas realmente me amam". Ou ainda: "Sinto que perdi a conexão com Deus, com a Igreja". Não importa o que as pessoas digam, sempre há lugares onde há pobreza, aos quais você vai e diz: "Podemos falar disso?", e então descobre que ali você consegue fazer uma amizade. Exatamente ali. Isso porque você não teve medo. Você ouviu a pessoa e lhe disse: "Estou feliz por estar com você aqui. Agradeço-te por compartilhar essas coisas comigo. Sinto que estamos mais próximos depois que você compartilhou comigo estes seus conflitos. Para mim, é um privilégio". Ela então lhe diz: "Obrigado por estar comigo".

Ao chegar em casa, você diz: "Uau, que noite maravilhosa! Minha amiga não mostrou nenhum medo de me falar das experiências que está vivendo". Ela não escondeu nada de você. Em vez de deixá-lo triste ou deprimido, ela sentiu alegria por ter tido o privilégio de penetrar o sofrimento que está no coração dela, no coração universal que sofre, no coração de Deus.

Porém, quando se esquece disso, e sai pelo mundo em busca de segurança e riquezas, você perde a alegria e a paz que realmente está buscando. É esta disciplina que você precisa praticar.

Trata-se de uma disciplina, pois a pobreza nem sempre é algo atraente. Quando uma pessoa está à beira da morte, a vontade que se tem é manter-se longe dela. Quando uma pessoa está doente, visitá-la não é algo que dê prazer. Os membros permanentes de sua comunidade talvez estejam passando por uma experiência de grande sofrimento, e isso atrapalha os seus planos. De algum modo, é preciso realmente acreditar que se você mantiver o foco no coração, encontrará ali uma bênção oculta. Não se trata de remoer as mágoas e as dores. Você começa a dizer: "Confio que ali existe uma bênção à minha espera. Uma bênção que consiste em receber algo dos pobres. E as outras pessoas também poderão encontrar uma bênção em meio à minha pobreza. Esta disciplina exige vulnerabilidade.

Portanto, estas são as três disciplinas: atenção a Deus, por meio da qual podemos dizer "Eu amo você(s)", seja a um indivíduo, seja a uma comunidade; atenção ao momento presente, em que você pode perceber que Deus está bem ao seu lado, durante o horário das refeições, em suas conversas com as pessoas e na vida comunitária; e a atenção ao lugar onde estão os pobres, a quem Deus sempre traz suas bênçãos. É neste lugar que a criança nasce dentro de você. Seu coração se transforma no lugar que está preparado para acolher esta pequena criança. Se você não estiver atento, talvez nem ao menos se dê conta de que Deus está ali, ao seu lado, lhe dizendo: "Estou ao seu lado. E me transformei num ser pequenino. Então, não tenha medo, não se preocupe, não fique aflito".

Fontes

As fontes bibliográficas dos capítulos deste livro pertencem ao acervo dos Henri J.M. Nouwen Archives e da Research Collection, na Biblioteca John M. Kelly, na Universidade do St. Michael's College da Universidade de Toronto.

Capítulo 1

Henri apresentou a palestra "Da solitude à comunidade; da comunidade ao ministério" na Foundation Conference, sob o patrocínio da Buford Foundation em Toronto, em setembro de 1993. O texto desta palestra foi posteriormente publicado no *Leadership Journal*, em 1995.

Capítulo 2

Estas reflexões de Henri sobre o papel da formação espiritual e da comunidade no ensino de teologia foram publicadas na revista *Sojourners*, em agosto de 1977, em um artigo intitulado "What Do You Know by Heart? Learning Spirituality".

Capítulo 3

O texto "Encontrando a solitude na comunidade" foi originalmente publicado com o título "Solitude in Community, na revista *Worship*, volume 52, em janeiro de 1978.

Capítulo 4

O artigo "The Faces of Community" foi publicado no jornal *Catholic Worker*, em sua edição de março-abril de 1978.

Capítulo 5

Henri apresentou esta palestra em junho de 1982, e a intitulou "Called from Darkness", numa celebração na Igreja Luterana Saint Peter, na cidade de Nova York, coincidindo com a Segunda Sessão Especial sobre o Desarmamento, na Assembleia Geral da ONU.

Capítulo 6

Henri apresentou esta palestra no Catholic Youth Corps, no Convocation Hall da Universidade de Toronto, em abril de 1987. O artigo é publicado neste livro pela primeira vez. O Henri J.M. Nouwen Archives and Research Collection mantém em seu acervo um arquivo em áudio, que inclui esta palestra e apresentações musicais deste evento, arquivo a partir do qual foi feita a transcrição da palestra.

Capítulo 7

O artigo "Holding Ground" [Manter-se firme] tem como base uma palestra ministrada por Henri em março de 1987 em Baltimore, Maryland, na Baltimore Clergy and Laity Concerned's March Conference intitulada "Responding in Faith as the Americas Meet". Posteriormente, esta palestra foi publicada no Calc Report pelo Baltimore Clergy and Laity Concerned (Calc), volume XIII, número 2, primavera/verão de 1987, p. 12-20. O artigo original foi condensado aqui, visando um enfoque no tema da comunidade.

Capítulo 8

Henri apresentou a palestra "From Communion to Community: The Contemplative Journey", no Regis College, na Universidade de Toronto, em 27 de fevereiro de 1991. O Henri J.M. Nouwen Archives and Research Collection mantém em seu acervo um arquivo em áudio desta palestra, a partir do qual foi feita a sua transcrição. O texto é aqui publicado pela primeira vez.

Capítulo 9

Henri apresentou esta palestra em 10 de março de 1992, na Universidade de Notre Dame, a convite do Padre Don McNeill, fundador do Center for Social Concerns. O Henri J.M. Nouwen Archives and Research Collection mantém em seu acervo uma gravação em vídeo desta palestra, a partir da qual foi feita sua transcrição. Este texto – originalmente apresentado com o título "God's Love Experienced in Community" – é aqui publicado pela primeira vez.

Capítulo 10

Henri apresentou a palestra "From a Heart of Stone to a Heart of Flesh: Conversion in Community" em um retiro que reuniu assistentes da L'Arche em Stratford, Ontario, em 6 de dezembro de 1995, cerca de nove meses antes de sua morte, em 21 de setembro de 1996. O Henri J.M. Nouwen Archives and Research Collection mantém em seu acervo uma gravação em vídeo deste retiro, a partir da qual foi feita a transcrição desta palestra, aqui publicada pela primeira vez.

Agradecimentos

Muitas pessoas contribuíram para a publicação deste livro. Eu gostaria de agradecer a Karen Pascal e ao Henri Nouwen Legacy Trust por terem me dado o privilégio de consultar os arquivos de Henri, em busca de textos sobre a comunidade. Faço um agradecimento especial a Gabrielle Earnshaw, que contribuiu com uma valiosíssima pesquisa inicial. Em seu cargo como arquivista fundadora da Henri J.M. Nouwen Archives and Research Collection, seu trabalho de preservação e mapeamento da trajetória e da vida de Henri representa uma rica contribuição aos pesquisadores e à comunidade de pessoas do mundo inteiro, que continuam sendo inspiradas pelos escritos e pela sabedoria de Henri.

Robert Ellsberg foi o primeiro mentor deste livro. Agradeço a você por suas sugestões de edição, por sua aguda sensibilidade espiritual e pelo presente que foi o seu prefácio, reflexo de sua amizade de tantos anos com Henri. Também agradeço a Maria Angelini, editora-chefe da Orbis, e à sua equipe, pelo carinho dedicado ao texto e pela criatividade no *design* da capa.

Simon Rogers, arquivista de coleções especiais na Biblioteca John M. Kelly do Saint Michael College, me ofereceu uma oportuna assistência e sua expertise na obtenção de manuscritos, sem a qual não conseguiríamos cumprir os curtos prazos impostos durante as pausas que tivemos na pandemia. Frank Faulk contribuiu com preciosos comentários em um primeiro rascunho do capítulo 6. Robert Walker e o Reverendo Ajit John plantaram as sementes de meu interesse pela comunidade cristã durante a graduação. Registro também minha gratidão a dois amigos fiéis e companheiros espirituais de longa data, o Reverendo Bill Haley e o Reverendo Tim Clayton, por me disponibilizarem os manuscritos de Henri datados de mais de duas décadas, na Kairos, uma comunidade cristã administrada por eles na região de Washington D.C. O exercício do ministério por eles praticado modelou o direcionamento futuro de muitas pessoas.

Por último, me faltam palavras para expressar minha gratidão a Judith Cooke, minha esposa, por seu apoio e seu amor neste último ano. Você continua a me ensinar muito sobre o poder da vulnerabilidade, e sobre como estar disponível aos outros de pleno coração. Com seus conselhos, seu cuidado por nossos filhos, Isaiah e Aaron, seu trabalho amoroso em prol da construção de um lar para Deus neste mundo, e muito mais. Que este livro possa ser o lembrete para eles e para muita gente de que a porta que conduz à casa de Deus está sempre aberta, oferecendo a nossos aflitos corações uma calorosa acolhida e uma satisfação inigualável.

Conecte-se conosco:

f facebook.com/editoravozes

◎ @editoravozes

🐦 @editora_vozes

▶ youtube.com/editoravozes

🟢 +55 24 2233-9033

www.vozes.com.br

Conheça nossas lojas:

www.livrariavozes.com.br

Belo Horizonte – Brasília – Campinas – Cuiabá – Curitiba
Fortaleza – Juiz de Fora – Petrópolis – Recife – São Paulo

  Vozes de Bolso

EDITORA VOZES LTDA.
Rua Frei Luís, 100 – Centro – Cep 25689-900 – Petrópolis, RJ
Tel.: (24) 2233-9000 – E-mail: vendas@vozes.com.br